Antissemitismo Estrutural

Gustavo Binenbojm

Antissemitismo Estrutural

HISTÓRIA REAL

PREPARAÇÃO
Kathia Ferreira

REVISÃO
Ilana Goldfeld

DIAGRAMAÇÃO
Equatorium Design

DESIGN DE CAPA
Angelo Bottino

CIP-BRASIL. CATALOGAÇÃO NA PUBLICAÇÃO
SINDICADO NACIONAL DOS EDITORES DE LIVROS, RJ

B499a

Binenbojm, Gustavo, 1972-
Antissemitismo estrutural / Gustavo Binenbojm. - 1. ed. - Rio de Janeiro : História Real, 2025.

208 p. ; 21 cm.
Inclui bibliografia
ISBN 978-65-87518-37-4

1. Antissemitismo. 2. Judeus - História. 3. Judeus - Condições sociais. I. Título.

25-100655.0 CDU: 305.8924
CDU: 316.347(=411.16)

Carla Rosa Martins Gonçalves - Bibliotecária - CRB-7/4782

Av. das Américas, 500, bloco 12, sala 303
22640-904 – Barra da Tijuca
Rio de Janeiro – RJ
Tel./Fax: (21) 3206-7400
www.historiareal.intrinseca.com.br

Judia de mim, judia!
Se eu não sou merecedor desse amor.
Zeca Pagodinho

Quando olhei a terra ardendo
Qual fogueira de São João
Eu perguntei a Deus do céu, ai!
Por que tamanha judiação?
Luiz Gonzaga

Para Leticia,
que me trouxe de volta.

Para Laura e Beatriz,
com esperança.

Para Celso Lafer:
inspiração, integridade, compromisso.

Sumário

A SOLIDÃO

Pedro Doria

O antissemitismo é insidioso.

Ele está sempre lá. No Ocidente, é o preconceito fundador contra um grupo de pessoas. Marcou a História europeia, se impôs desde o Império Romano e nunca foi embora. Ainda assim, quase nunca é evidente, quase nunca se mostra. É só muito raramente que se expõe. Acumula-se durante décadas na forma de pequenas histórias contadas e recontadas, num desprezo que se faz de virtuoso, construindo lentamente a convicção de que não há povo mais abjeto. Aí explode. Explode em fogueiras, em disparos, em depredação, violação, expulsão. Vagões lotados. Mesmo num tempo sensível a toda forma de discriminação como o que vivemos, mesmo nele ninguém admite o antissemitismo.

À esquerda, somos instados a reconhecer nosso racismo contra negros, nossa misoginia, nossa homofobia. Mas não basta sermos antirracistas, é preciso também agir. É preciso, diz a lição dos mais bem-intencionados, nos desconstruirmos. Afinal, a cultura fez de nós, desde cedo, pessoas que carregam a chaga da discriminação. Por isso é preciso um expurgo público. A esquerda de hoje prega a constante autopenitência contra toda forma de preconceito. Menos uma: o antissemitismo. O judeu, afinal, é o branco, rico, o colonizador. O opressor. E o antissemitismo, afinal, sempre se faz de virtuoso.

À direita, está o negacionismo do Holocausto, os cemitérios e sinagogas com suásticas riscadas. As menorás quebradas. O supremacismo branco nunca vai embora. Então são atentados, de tempos em tempos, na Europa e nas Américas. Mas à direita estão também o Hamas, os aiatolás do Irã, os reacionários do Islã que desejam a volta de um passado mítico em que a religião se impunha sobre a lei civil. Enquanto de um lado os supremacistas do Ocidente os rejeitam, para aqueles o judeu representa o próprio Ocidente. A modernização que não é bem-vinda. E há, ainda, de forma particularmente sutil, o antissemitismo neopentecostal, que espera o reerguimento do Terceiro Templo, em Jerusalém. Seus seguidores torcem pelos judeus com o objetivo que nem sequer disfarçam de esperar o Juízo Final, no qual esperam que os judeus, ora, sejam as primeiras vítimas. Em nome de Deus. Virtuoso.

O antissemitismo é insidioso. Tem muitas faces diferentes, jeitos distintos de apontar uma única ideia: o judeu é o outro. Está à parte. Ele é quem não somos, quem não queremos ser.

E o que é ser judeu? Pois esta, sim, é a pergunta fundamental. O antissemitismo não escapa de ter uma definição pobre, porque ele reduz. O que ele reduz não é o próprio Judaísmo, e sim algo bastante mais interessante. Ele reduz o que é ser judeu. E o que é? Não pode ser uma etnia. Claro, as caricaturas nazistas, com narizes aduncos, kipás e casacões pretos vêm à mente. O preconceito faz a caricatura sem conseguir, afinal, uma definição. Esta, aliás, é justamente a própria essência de qualquer preconceito. Trata-se de um pré-conceito. Define antes de compreender. Satisfaz-se com a caricatura sem nunca saber o que é de fato. E não há um fenótipo tipicamente judaico. Não tem como. Há asquenazes de olhos azuis, os mizrahim parecem árabes, os beta israel lembram etíopes, os bene israel se confundem com indianos. Não é cor de pele, de olho, formato de nariz ou tipo de cabelo que define um judeu.

Ser judeu, então, é uma religião? Também isso não pode ser. Caminhe pelos círculos judaicos e o número de seculares periga ser maior do que o daqueles que praticam a fé. Ser judeu não é como ser católico, budista ou mesmo umbandista. Sigmund Freud ou Woody Allen, Isaac Asimov ou Leon Trótski, Richard Feynman ou Milton Friedman, Ayn Rand ou Noam Chomsky. Albert Einstein ou Arthur Miller. Inúmeros ateus ou agnósticos, por vezes em lugares opostos ideologicamente, se unem por um atributo essencial — a independência, a liberdade, que vem de um sentir-se só no mundo. Ou um saber-se só. Esse atributo comum que está em todo pensador judeu não é acidente. Para compreendê-lo, é preciso conhecer a História. E, da História, dá para ver onde nasce o antissemitismo.

E quem são os judeus? Se a Índia divide o mundo entre os princípios culturais radicalmente distintos do Ocidente e do Oriente, os judeus são um dos povos do Ocidente. Mas não qualquer povo. Os judeus são o povo em existência contínua mais estável e mais antigo. Sim, mais do que quaisquer outros, incluindo os próprios indianos e chineses. Eles, os judeus, são nossa conexão com o momento em que nós, humanos, aprendemos a plantar e nos sedentarizamos. Jericó, na atual Cisjordânia, é a cidade habitada sem nunca ter sido abandonada há mais tempo no planeta. Nós nos fixamos na terra em Jericó e, ali, o povo judeu começou a se formar.

O deus El e Yahweh, que parece um só no Velho Testamento, não era, na origem, um só. Eram dois deuses distintos num panteão múltiplo do qual também faziam parte Baal, Asherá, Astarte e tantos outros. Asherá, aliás, deusa da Fertilidade e dos Mares, era mulher de El, o Senhor de todos os deuses por ali. Yahweh, por sua vez, o deus das Tempestades e da Guerra. Não é à toa que, naqueles livros, Deus parece ora vingativo, ora muito sábio. Eram mesmo deuses distintos que a edição tentou transformar num só.

Essas religiões da Idade do Bronze coincidem com a invenção da escrita. A tecnologia de fixar ideias pensadas e faladas sobre alguma superfície apareceu primeiro na Mesopotâmia, cuneiforme. Aí, um cisco de tempo depois, apareceram no Egito os hieroglifos. E, após alguns tantos séculos, em Canaã, no Levante Meridional, avançamos para o alfabeto fonético. Aquele em que os símbolos escritos representam os sons que dizemos.

Na Mesopotâmia, havia um panteão de deuses, enquanto na Babilônia escolheram só um deles, Marduk, como seu protetor. Os gregos tinham, igualmente, muitos deuses no Olimpo. Mas os atenienses sentiam-se protegidos por Palas Atena. Os ugaríticos, outro dos povos de Canaã, dali do Levante Meridional, escolheram Baal. Baal não aparece por toda a parte, no Velho Testamento, à toa. Se soa como vilão, é porque aqueles escritores estavam se referindo ao deus que protegia o rival vizinho. Todos os cananeus reconheciam o panteão inteiro, mas a proteção à sua tribo vinha de um deus, por vezes inimigo de outros.

No tempo da escola, estudamos História de forma tão compartimentada que é comum perdermos a noção da linha do tempo. Das coisas que ocorrem quase simultâneas. Não nos tocamos, por exemplo, de que os israelitas ergueram o Segundo Templo, recém-chegados do exílio babilônico, menos de um século antes de Péricles assumir o governo na democracia ateniense. Quando o filósofo Sócrates nasceu, ainda caminhavam idosas em Jerusalém, pessoas nascidas naquele exílio. E as ideias que vieram daquele trauma na Babilônia são tão fundadoras do Ocidente quanto as dos filósofos gregos.

Pois os israelitas são um entre todos aqueles povos cananeus, os humanos que se fixaram no miolo do Crescente Fértil, no ponto exato em que África e Ásia se encontram, quando houve a Revolução Agrícola. E a sua é uma história que se desenrola muito lentamente, mas sem perder continuidade por uns milhares de anos. De um só povo, esses cananeus dividiram-se em tribos vizinhas, cidades muradas, ainda unidas por mais ou menos a mesma cultura e religiosidade, só que pinçando deuses diferentes entre aqueles à disposição para chamar de seu. Como todos, tinham como principal local de devoção um templo. O dos israelitas ficava no alto do Monte Moriá, no centro de Jerusalém — uma das muitas cidades milenares por ali. E não seria, talvez, um povo particularmente distinto de qualquer outro, não fosse um único episódio de violência.

A derrubada do Templo de Salomão por Nabucodonosor II, em 586 a.C., não foi apenas o momento final de uma guerra malsucedida como tantas outras que agitavam o Crescente Fértil e a Península Balcânica. O rei da Babilônia decidiu carregar em exílio toda a elite local. Um sequestro. O clero, os escribas, os nobres. Só que todas as religiões da Idade do Bronze eram ancoradas em templos físicos, em lugares bastante específicos. Poderia ter ocorrido, com os israelitas, o que aconteceu com inúmeros outros povos nesse tipo de circunstância. Abandonariam sua cultura e assimilariam a outra. Só que eles seguiram um caminho diverso.

Perante o trauma da destruição de seu templo, da brutalidade daquela guerra em que filhos foram sangrados na frente das mães, mulheres estupradas perante maridos e pais, decidiram manter-se unidos. Trauma faz isso, somos todos gente. Para conseguirem se manter unidos tão longe de casa, foi preciso reinventar sua cultura, inventar uma nova forma de religiosidade. Juntaram os textos ancestrais que levaram consigo e puseram as histórias da memória oral também em texto. Umas faziam referência ao deus Yahweh, outras ao deus El. Mas organizaram todas como se fossem o mesmo deus, editaram, deram uma ordem, e assim nasceu o embrião da Torá. Criaram, juntos, regras rígidas de alimentação. Determinaram que israelitas seriam os filhos de mulheres israelitas. Fecharam-se.

Essa coisa nova que inventaram ali descolava a religião do lugar e mantinha uma comunidade unida, à parte dos outros. Organizaram-se para fazer com que a sua fosse uma cultura capaz de sobreviver ao exílio. A qualquer exílio em qualquer tempo. Foi uma inovação: a religião se descola do lugar, sem nunca deixar de ter o lugar no centro.

Jerusalém é o centro único do Judaísmo e o Judaísmo não precisa de Jerusalém para sobreviver.

Quando, enfim, voltaram, libertados por um rei persa, e se puseram a erguer um novo templo no mesmo Monte Moriá, na mesma cidade de Jerusalém, um escriba ainda registrou num novo livro a ordem de seu Deus. *Shemá Yisrael, YHWH Eloheinu, YHWH Ekhad* ("Ouça, ó Israel, o Senhor nosso Deus é o único Senhor)". Não era ainda um monoteísmo, mas foi o início do caminho para a crença num único Deus. Era, já, o compromisso de recusar qualquer outro deus vizinho.

As religiões da Idade do Bronze, no Ocidente, foram aos poucos sendo todas abandonadas. Substituídas por Cristianismo e Islã, as filhas do Judaísmo. Essas filhas levaram o monoteísmo, levaram as histórias dos patriarcas e até pedaços inteiros das Escrituras Sagradas. Importaram com igual sofisticação uma religião que não necessita de templos, e sim de livros. De ideias. Uma religião que transcende o mero contar de lendas para se tornar filosofia. O que não levaram, porque não tinha como levar, foi o trauma do exílio.

O Cristianismo se espalhou porque virou a religião do Império Romano. O Islã, porque foi a religião do Império Árabe. Eram religiões de conquistadores militares. Religiões que se impõem. A lógica do Judaísmo é outra — é a de um povo conquistado que tem de se manter unido, apesar da força do conquistador. Se não é uma religião que conquista, não é uma religião que se espalha. Se não se espalha, é de poucos. Se esses poucos se fecham para não se extinguirem pela religião imposta, não importa onde estejam, são sempre particulares. Com as kipás e os peiot (os cachinhos laterais), as menorás acesas, as mezuzás nos batentes de cada porta. A cor da pele muda, a língua também. Mas não importa onde, não importa o tempo. Onde houver os rolos com as Leis de Moisés escritas, lá há um templo. Destroem o prédio, como destruíram com séculos de distância dois Templos, não importa.

O Terceiro Templo talvez um dia chegue como, por milênios, o retorno a Jerusalém, quem sabe um dia, viria. E duas vezes por ano, por dois mil anos, rezam. *L'shanah haba'ah b'Yerushalayim* ("No ano que vem nos encontraremos em Jerusalém"). A religião eles carregam para onde for. Jerusalém é o centro único do Judaísmo e o Judaísmo não precisa de Jerusalém para sobreviver.

Aquela invenção da Babilônia que permitiu aos judeus sobreviverem por milênios no exílio, sua capacidade de se unir e se distinguir, de se fazerem únicos, deu-lhes independência. Quando o Iluminismo europeu separou o Estado da religião e pôs ideias no centro da vida civil, os judeus estavam prontos. A independência, o saber-se só e ainda assim parte do todo, para um judeu não carece da crença em Deus para ser uma idcia compreendida. Não é Deus que faz um judeu, afinal. É o saber-se sozinho. Judeus inventaram a moderna religiosidade ocidental e, por serem sempre independentes em quaisquer impérios, estavam já intelectualmente prontos para a ideia dum Estado em que cada cidadão é, por si, um mundo inteiro e autossuficiente.

O Iluminismo foi um desses momentos em que, pareceu, as diferenças seriam mais bem aceitas. Em que pessoas de religiões diferentes, de culturas diferentes, com ideias e valores distintos, desde que humanistas, poderiam conviver. Mas talvez não esteja em nós. Porque aquela ideia, aquela percepção de diferença, já fazia parte da estrutura cultural na cabeça de cada pessoa ocidental. A distinção que permitiu a judeus se manterem unidos, culturalmente intactos, foi também o que os fez serem sempre percebidos por alguém, em algum lugar, como "os outros". Os diferentes aos quais odiar.

Talvez não seja possível haver judeus sem que haja antissemitismo. Talvez.

É para esse mundo do pior que há em nós, humanos, que Gustavo Binenbojm nos carrega a partir das próximas páginas. Mas preste atenção, leitor. Porque, diferentemente de todos os muitos tipos de preconceito que nós, humanos, criamos para nos odiarmos uns aos outros, nenhum é tão insidioso como este do antissemitismo. Não tem nem um século nos separando do Holocausto e ele já está aí de volta, nas ruas. Está de volta como sempre esteve, com as mesmas acusações — os que têm dinheiro; os que têm poder; os que derramam o sangue de crianças; o povo a que todos têm o direito de odiar. Todas essas acusações já foram feitas. Binenbojm conhece essa solidão.

Como escreveu há muito um daqueles escribas de Jerusalém, não há nada de novo sob o Sol.

Apresentação

Antissemitismo, esse vírus mutante

Uma crença, mais do que qualquer outra, é responsável por massacres, perseguições e sofrimento de indivíduos desde a nossa ancestralidade mais remota. É a crença de que aqueles diferentes de nós — em razão de sua cor, origem étnica, religião, ideologia, gênero ou orientação sexual — não compartilham de nossa humanidade.[1] Essa tentação por considerar a diferença uma anomalia atende a um instinto de defesa do espírito humano: afinal, quem ousa ameaçar as nossas convicções que, confortavelmente, são validadas pela concepção dominante? Quem ousa desafiar as verdades professadas pela maioria dos iguais? Quem eles pensam que são para pensarem ser tão diferentes de nós?

1. Isaiah Berlin, *Liberty*, p. 212.

O antissemitismo é caracterizado por distintos comportamentos de hostilidade contra os judeus,[2] traduzindo-se, na prática, numa negação do direito de eles existirem, individual e coletivamente, enquanto judeus, com os mesmos direitos que todas as pessoas, todos os povos e todos os Estados. Embora seja fácil odiar, justificar o ódio publicamente é difícil. Para isso os antissemitas se valem da desinformação, de campanhas difamatórias e teorias conspiratórias, a fim de imputar aos judeus características inatas negativas associadas a sua religião, a traços étnico-raciais e, mais recentemente, a seu Estado nacional — Israel. O antissemitismo, por isso, pode ser entendido como um vírus mutante que tem se transformado ao longo dos tempos para sobreviver.

Na Antiguidade profunda, no período do Cristianismo embrionário e na Idade Média, costumava-se dizer: "Não temos nada contra os judeus, o problema é a sua religião." No século XIX e até meados do século XX, dizia-se: "Não temos nada contra os judeus, o problema é a sua raça." Hoje em dia, os antissemitas afirmam: "Não temos nada contra os judeus, o problema é seu Estado nacional."[3] Consoante Hannah Arendt, em sua grande obra *Origens do totalitarismo*,

2. O verbete "antissemitismo", do consagrado *Dicionário de política*, organizado por Norberto Bobbio, aponta que, de uma perspectiva abrangente, trata-se de "hostilidade em relação a judeus". Sandro Ortona, autor do verbete, registra que essa hostilidade ocorre em diferentes circunstâncias e conjunturas.

3. Jonathan Sacks, "The Mutating Virus: Understanding Antisemitism", discurso que abriu, no Parlamento Europeu, a conferência "O futuro das comunidades judaicas na Europa", realizada em Bruxelas em 27 de setembro de 2016.

o antissemitismo moderno assumiu a modalidade de uma ideologia política laica que se vale da hostilidade aos judeus como instrumento de ação e mobilização política.[4]

Esse vírus pode ficar inativo por séculos, mas por vezes reinfecta o tecido social e ressurge com a força de uma pandemia. Seu ressurgimento, de tempos em tempos, decorre de uma falha cognitiva humana, socialmente construída, chamada "teoria do bode expiatório" (*scapegoat theory*).[5] Tal falha emerge durante crises políticas, econômicas ou sociais, quando a sociedade procura em terceiros um culpado para os próprios erros. Se, ao invés de se perguntar "Onde foi que erramos? Como chegamos até aqui?", a sociedade se perguntar "Quem fez isso conosco? Quem são os culpados por essa situação?", é porque ela foi reinfectada com o vírus do "bode expiatório", apontando culpados a partir de hipóteses simplistas e insustentáveis à luz dos fatos. Historicamente, por razões que procuro explicar neste livro, o bode expiatório clássico da humanidade tem sido os judeus. A ponto de muitos pensarem: "Se a eles sempre atribuímos a culpa por nossos males, talvez eles sejam realmente culpados!" Cuida-se, assim, de um mecanismo psicológico de isenção

4. Hannah Arendt, *Origens do totalitarismo*, p. 147.

5. No Judaísmo antigo, um bode conhecido como Azazel era simbolicamente escolhido para carregar os pecados de toda a comunidade e então enviado para o deserto no Dia do Perdão (*Yom Kippur*). Essa prática, descrita na Torá (Levítico 16), representava a remoção dos pecados de todos. Azazel era o *bode expiatório*. Na época, outro bode era também escolhido para ser sacrificado como oferenda a Deus em expiação dos pecados. Em várias outras tradições religiosas, o sacrifício de animais cumpre esse mesmo papel de bode expiatório.

da responsabilidade individual e coletiva, mediante a atribuição da culpa a um inimigo comum.

Conforme mencionado no início desta Apresentação, o antissemitismo parece também surgir da dificuldade atávica dos seres humanos de abrir espaço para a diferença. Portanto, mais do que sobre os judeus, este livro é sobre os antissemitas e sobre como o antissemitismo se instalou no inconsciente coletivo de boa parte da humanidade. Quando Pedro fala sobre Paulo, diz mais sobre Pedro do que sobre Paulo. A disseminação de mentiras e teorias conspiratórias é — e continua a ser —, desde a Antiguidade mais remota, um expediente para propagar a hostilidade e incitar a discriminação e o ódio contra judeus. A ignorância costuma ser terreno fértil para a mentira, sobretudo quando as coisas não vão bem. Não à toa se diz que uma mentira repetida mil vezes — num contexto de desinformação e vieses de busca de culpados — acaba virando verdade. Não a verdade dos fatos, mas a verdade das versões, a narrativa do momento.

Meu objetivo não se limita, porém, a defender o direito dos judeus de viver como cidadãos livres e iguais. Como nos ensina a História, o ódio que começa com os judeus nunca termina com os judeus. A sociedade que inicia por tentar destruí-los acaba por destruir-se a si mesma. O exemplo do nacional-socialismo alemão é contundente: o regime que pretendia banir os judeus do seu seio e durar mil anos acabou por assassinar pessoas com deficiência, homossexuais, comunistas, ciganos, Testemunhas de Jeová, além de outros milhões de civis inocentes. Em apenas doze anos, Hitler acabou por destruir a própria Alemanha. O sentimento antissemita, apesar de injusto e infundado, é real. Existe de verdade. Não é um fantasma visto ao meio-dia. O antissemitismo discrimina, causa danos e pode ser letal, não apenas para os judeus, mas, ao fim e ao cabo, para toda a humanidade.

Falar-se em antissemitismo estrutural implica puxar o fio de uma meada tão antiga quanto atual para se deslindar a tessitura social que, no curso da História, construiu mitos, preconceitos e dinâmicas discriminatórias, institucionalizadas ou informais. De todos os modos de discriminação, talvez o do antissemitismo seja o mais sutil e insidioso, pois os judeus, dada a sua diversidade étnica, podem tornar-se *invisíveis*. De um lado, gozam de um benefício não extensível aos negros e às mulheres, por exemplo. Contudo, de outro lado, experimentam cotidianamente um convite silencioso à anulação da própria identidade. É como se, para serem aceitos, só lhes restasse a opção pela assimilação, com a renúncia inexorável a seu modo particular de ser e estar no mundo. O *branqueamento* dos negros corresponderia, assim, à assimilação forçada dos judeus. Uma condenação para que estes se tornem quem *não* são. Algo como um *"don't ask, don't tell"* ("não pergunte, não responda"):[6] não diga que você é judeu e nós, por educação, não perguntaremos. Fique no armário e transforme a sua ancestralidade numa peça de museu.

6. A política *"don't ask, don't tell"* ("não pergunte, não responda") vigorou nos Estados Unidos de 1994 a 2011, para regular a participação de homossexuais nas Forças Armadas. Segundo essa política, os homossexuais seriam admitidos, desde que não assumissem publicamente a sua orientação sexual. Ninguém perguntaria, em contrapartida, eles não poderiam falar sobre o assunto.

Embora as formas tradicionais de preconceito religioso e racial ainda existam e estejam embebidas nas redes sociais e mundo afora, o ódio ao Estado de Israel ocupa hoje o lugar central e proeminente na mira dos antissemitas: o *antissionismo* é o *antissemitismo* do nosso tempo.

Negar o direito de existência a Israel como um Estado nacional judaico, expressão da autodeterminação do povo judeu, é um indício de manifestação de antissemitismo. Desde a Declaração de Balfour, em 1917, a recriação do lar nacional dos judeus era um compromisso do processo de descolonização do Oriente Médio, uma busca por devolver território e soberania a um povo originário que se manteve no exílio por quase dois mil anos. Somente os judeus, após sucessivos períodos de domínio imperialista, tinham fronteiras históricas a serem restabelecidas, ao contrário dos demais Estados árabes da região, criados com fronteiras artificiais. Além disso, o princípio de autodeterminação dos povos, proclamado em todas as Declarações de Direitos e Constituições de países democráticos, deve também ser reconhecido aos judeus: a toda nação deve se reconhecer o direito a um Estado soberano, em cujo território possa vicejar toda a potencialidade de seu povo. Negar-se a Israel esse direito é um duplo *standard* inaceitável. Representa dois pesos e duas medidas.

Ademais, responsabilizar os judeus coletivamente por eventuais decisões do governo de Israel ou, pior que isso, justificar ataques a judeus por eventuais decisões de seu país, é uma clara forma de incitação ao antissemitismo. Israel é um Estado soberano. Aliás, é a única democracia efetiva e em pleno funcionamento no Oriente Médio. Não há por que se pretender responsabilizar os judeus espalhados pelos cinco continentes por decisões do governo de um Estado soberano. Fatos equivalentes a esses — igualmente condenáveis — são as perseguições e discriminações contra membros do Islã por atitudes de Estados muçulmanos, igualmente soberanos.

Também não faz sentido atribuir-se a culpa por eventuais decisões do governo de Israel a características naturais e específicas dos judeus. Se antes o preconceito atuava no plano das relações interpessoais e sociais, hoje ele é elevado ao concerto das nações — no sentido de ordem internacional — para legitimar o julgamento diferenciado e mais severo a Israel, como se se tratasse de um Estado intrinsecamente cruel ou injusto. Presente de forma usual na retórica da esquerda, a referência a Israel como braço do imperialismo norte-americano no Oriente Médio revela um julgamento parcial e ardiloso da geopolítica global. As alianças dos norte-americanos perpassam inúmeros outros países, de maiorias cristã e muçulmana. Mesmo no Oriente Médio, diversos Estados árabes mantêm relações de proximidade ou mesmo alianças estratégicas com os Estados Unidos.

Classificar o sionismo como uma forma de racismo, como fez a Organização das Nações Unidas (ONU) em 1975, significou uma clara manifestação de antissemitismo.[7] Vale lembrar que o mundo conta hoje com 159 Estados de maioria cristã e 56 Estados muçulmanos, mas apenas um Estado

7. Essa resolução das Nações Unidas só seria revogada no início dos anos 1990, quando a ONU passou a reconhecer que o sionismo é um movimento legítimo, orientado para concretizar o direito à autodeterminação do povo judeu.

judaico. Israel ocupa apenas ¼ (um quarto) de 1% da área do Oriente Médio. Após a tragédia do Holocausto na Segunda Guerra Mundial (1939-1945), a própria ONU, por meio de sua Assembleia Geral, decidiu, em 1947, pela criação de dois Estados na região do antigo mandato britânico: a Palestina, reunindo o povo palestino, e Israel, reunindo o povo judeu.

A União Soviética foi o primeiro país a reconhecer a independência do Estado de Israel, em maio de 1948, antes mesmo dos Estados Unidos. O sionismo foi o movimento legítimo do povo judeu que culminou com seu retorno ao território histórico de seu lar nacional, dominado, ao longo do tempo, por povos diversos — assírios, babilônios, persas, gregos, romanos — e, finalmente, cristãos e muçulmanos, que travaram lutas pelo seu controle, uns contra os outros. Os judeus são o verdadeiro povo originário da terra de Israel (ou indígena, se preferirem) e a sua autodeterminação, conquistada, de fato, em 1948, não pode ser considerada, sob qualquer ângulo, um projeto racista. Ao contrário, racismo é negar a Israel o direito de existir para acolher e proteger seu povo, suas tradições e sua visão de futuro.

Em 7 de outubro de 2023, o grupo terrorista Hamas promoveu o pior ataque a judeus desde o Holocausto, deixando um saldo de 1.300 civis mortos, bebês e mulheres violados, além de centenas de reféns, torturados, humilhados e mantidos em condições desumanas. Depois de uma falha grave em seu sistema de defesa, o Estado de Israel tinha o direito de revidar ao ataque, não apenas para libertar seus cidadãos sequestrados, como também para neutralizar a ameaça representada pelo governo do Hamas, na Faixa de Gaza. Ao longo de uma guerra desafiadora, na qual se envolveram o grupo terrorista Hezbollah e o Irã, as Forças de Defesa israelenses prevaleceram. Mas, no momento em que escrevo — segundo semestre de 2025 —, uma grave crise humanitária se abate sobre Gaza. Não me eximo de fazer críticas às políticas interna e externa de Israel, naquilo que me parecem ser erros da gestão do primeiro-ministro Benjamin Netanyahu.

Israel tem problemas com vizinhos envolvendo fronteiras, questões de segurança nacional e disputas relativas a refugiados como inúmeros outros Estados. Eventuais erros diplomáticos, ações militares desproporcionais e políticas territoriais equivocadas devem ser criticados com as mesmas métricas e razões usadas para todos os demais Estados soberanos. Israel não é melhor, mas tampouco é pior do que qualquer outro Estado nacional. Pode errar e ser criticado sem que sua existência seja constantemente questionada e sem que seja julgado com critérios mais rigorosos do que os aplicados a seus pares no conjunto das nações.

Este livro revisita o percurso histórico que construiu o sentimento de hostilidade aos judeus conhecido como antissemitismo, termo cunhado apenas em 1879,[8] mas preexis-

8. Como se verá no Capítulo II, o termo "antissemitismo" foi criado pelo jornalista alemão Wilhelm Marr em 1879, quando fundou a Liga dos Antissemitas. Adepto da ideologia racista então em voga, Marr publicou naquele ano o panfleto "O caminho para a vitória do germanismo sobre o Judaísmo", abrindo espaço para a realização do primeiro Congresso Antijudeu, ocorrido em Dresden, em 1882. Por evidente, o antissemitismo como fenômeno social e político de hostilidade aos judeus antecede, em muito, ao surgimento do vocábulo, na segunda metade do século XIX.

tente em fato, senão em nome, desde a mais remota Antiguidade. Meu objetivo não é convencer ninguém de nada. Considero o convencimento uma praga. Ninguém convence ninguém, na verdade. Quando muito, ficamos convencidos. E o autoconvencimento é sempre (ou deveria ser) um processo com idas e vindas. Minha pretensão, assim, é mais modesta. Quero recuperar fatos, oferecer aos leitores uma interpretação que deles me pareça plausível e defender, com honestidade intelectual, que o antissemitismo é uma patologia social que precisa ser entendida para ser combatida, desconstruída e, se possível, curada. Antes, porém, três esclarecimentos se fazem necessários.

Primeiro: ao falar de antissemitismo estrutural não postulo uma equiparação integral com a teoria social do racismo estrutural. Intelectuais importantes, sobretudo negros, conceberam e desenvolveram essa hipótese a partir da problemática específica dos povos escravizados nas Américas, especialmente nos Estados Unidos e no Brasil, com a reprodução de mecanismos sociais de subordinação que são singulares e aplicáveis à sua própria experiência. Os judeus têm outra história, também peculiar. Dito isso, as semelhanças em termos de dinâmica social são perturbadoramente evidentes. Não à toa, à luz da legislação tanto brasileira quanto de inúmeros países, o antissemitismo é uma forma de racismo. Mas, como pretendo demonstrar, o antissemitismo estrutural tem particularidades: com uma forma de propagação talvez mais sutil, conta com uma fachada de disfarce mais sofisticada e, ao menos por ora, uma resistência a ser reconhecido por parcela significativa das elites intelectuais.

Segundo: não equiparo o antissemitismo estrutural aos crimes de antissemitismo previstos na legislação brasileira. Nem todo sentimento, postura ou mesmo comportamento antissemita configura, à luz da lei, um delito penal. Minha perspectiva de análise é mais ampla. Os crimes são manifestações antissemitas juridicamente qualificadas e merecem a repressão penal do Estado. Já o antissemitismo estrutural permeia toda a sociedade como um elemento do inconsciente coletivo, socialmente construído, e reproduzido geração após geração. Assim como as pessoas carregam sentimentos recalcados e memórias bloqueadas, a sociedade também os carrega em suas entranhas, muitas vezes de forma inconsciente. As piadas antissemitas, as expressões de linguagem naturalizadas, os comentários desairosos por vezes são atos falhos nem sempre compreendidos e racionalizados em sua complexidade. No entanto, ainda assim, representam formas de opressão, exclusão e discriminação.

Terceiro: o fato de haver um antissemitismo estrutural não exclui, nem ameniza, a responsabilidade individual por comportamentos antissemitas. Existe a responsabilidade penal e civil por atos de preconceito e discriminação contra judeus, o que é apenas a ponta do *iceberg* do fenômeno. Não minimizo nem mitigo a sua gravidade. Apenas entendo que essas condutas não abarcam todo o antissemitismo existente.

Como ensinou Nelson Mandela, as pessoas não nasceram odiando. Elas foram ensinadas a odiar. E, se assim o foram, também podem aprender a amar. Concluo esta Apresentação do ponto em que a iniciei. Nossas diferenças nos conferem uma identidade, enquanto nossos traços comuns nos lembram de nossa humanidade. Ninguém precisa ser igual para ser humano. Talvez ao contrário: a diversidade parece ser a mais rica e interessante característica da nossa natureza.

***

Este livro está organizado da seguinte forma. Primeiro, tento refazer aqui o itinerário histórico do antissemitismo, desde suas raízes primitivas até os dias de hoje, com ênfase nas diferentes justificativas que cada época tem dado ao fenômeno: estranhamento comportamental, isolacionismo social, intolerância religiosa, inferioridade racial, questionamento da legitimidade de seu Estado nacional. Abordo, ainda, questões específicas, como a negação do Holocausto, o antissemitismo recreativo e o mito da dupla lealdade dos judeus.

Em seguida, trato da questão da liberdade de expressão em todas as suas dimensões, destacando a sua importância visceral para a autorrealização das pessoas e o funcionamento da democracia. Depois, trato do antissemitismo como um problema jurídico, procurando caracterizar as manifestações antissemitas como um espaço não protegido pela liberdade de expressão: aquilo que vem sendo chamado de *intolerância com os intolerantes.*[9] Reconheço,

9. Este é o problema que o filósofo Karl Popper tratou como sendo o paradoxo da tolerância: "A tolerância ilimitada leva ao desaparecimento da tolerância. Se estendermos a tolerância ilimitada mesmo aos intolerantes, e se não estivermos preparados para defender a sociedade tolerante do assalto da intolerância, então, os tolerantes serão destruídos e a tolerância com eles. Nessa formulação, não insinuo, por exemplo, que devemos sempre suprimir a expressão de filosofias

todavia, a existência de zonas de incerteza no conceito de antissemitismo, o que nos remete a uma análise caso a caso dessas situações duvidosas. Depois de apontar como o viés antissemita aparece na narrativa antissionista do *mainstream* acadêmico, procuro separar o joio do trigo, tecendo minhas próprias críticas às políticas interna e externa de Benjamin Netanyahu, para demonstrar como o combate ao antissemitismo não inibe o pleno exercício da liberdade de expressão.

Passo, então, a analisar em que sentido podemos falar em antissemitismo estrutural, estabelecendo as analogias possíveis com o racismo estrutural e as distinções necessárias. Por último, procuro destacar a importância de uma conscientização sobre o problema e a necessidade de um letramento *anti-antissemita* que alcance a todos, desde a educação fundamental até as universidades, passando por ambientes de trabalho e meios de comunicação — sobretudo as redes sociais.

Visceralmente injusto, o antissemitismo não é apenas um problema dos judeus. Revela um mau funcionamento da dinâmica social. A indiferença em relação a esse sentimento

---

intolerantes, desde que possamos combatê-las com argumentos racionais e mantê-las em xeque frente à opinião pública. Suprimi-las seria, certamente, imprudente. Mas devemos nos reservar o direito de suprimi-las, se necessário, mesmo que pela força. Pode ser que eles não estejam preparados para nos encontrar nos níveis dos argumentos racionais, a começar por criticar todos os argumentos, proibir seus seguidores de ouvir argumentos, porque são enganadores, e ensiná-los a responder aos argumentos com punhos ou pistolas. Devemos, então, reservar-nos, em nome da tolerância, o direito de não tolerar o intolerante." (*A sociedade aberta e seus inimigos*, p. 211).

é tão grave e deletéria quanto a indiferença em relação ao racismo. Racismo e antissemitismo são processos estruturais que adoecem toda a sociedade. Como dito mais acima, o ódio que começa com os judeus nunca termina apenas neles. Por isso não basta não ser antissemita. Precisamos ser, todos nós, *anti-antissemitas*.

PARTE I

RAÍZES, GALHOS E FRUTOS ENVENENADOS

1. Da Antiguidade pagã ao Cristianismo embrionário: a construção da malignidade judaica

Antes de se tornar uma religião, o Judaísmo era designativo de um povo. Antes disso, aliás, de tribos confederadas. Ou, antes delas, de uma família. Ou, ainda antes, de uma só pessoa. Tudo começou pela menor de todas as minorias: o indivíduo. Abraão atende ao chamado de Deus e com ele faz uma aliança. Deus então ordena: "Sai da casa de teu pai e da terra de tua parentela e vai para a terra que eu te mostrarei. Farei de ti uma bênção e uma Nação abençoada. E por ti serão abençoadas todas as nações do mundo." *Lech Lechá* é a porção da Torá em que se inicia a jornada de Abraão em busca de si mesmo.

Ser judeu sempre foi e continua a ser essencialmente isto: ser estrangeiro, imigrante, refugiado, um estranho no ninho. O Judaísmo carrega no seu DNA a matriz da diferença ou, talvez, da busca por fazê-la. A ruptura em relação aos costumes pagãos que dominavam a Mesopotâmia na Antiguidade profunda impunha a Abraão romper fronteiras, físicas e espirituais, numa jornada por um mundo novo. Daí o porquê de o rabino Jonathan Sacks definir o Judaísmo como uma forma de protesto: um inconformismo com o mundo tal como ele é, em nome do que deveria ser. Acreditar num Deus invisível, desprovido de formas humanas ou animais, já era algo inusitado. Mas acreditar num Deus assim, imbuído de princípios morais, era muito estranho. Mais do que isso, era arrogante.

O historiador Paul Johnson afirma que *estranheza* era a palavra-chave na origem do antissemitismo da Antiguidade.[1] Os judeus não podiam reconhecer a existência de outras divindades nem mostrar respeito por elas. Mesmo em 500 a.C., a fé judaica já era velha e retinha práticas e tabus antigos, abandonados em outras partes. A circuncisão, símbolo do pacto de Abraão com Deus — prática retomada muito tempo depois no Islamismo —, isolava-os e era tida pelo mundo greco-romano como bárbara. As leis de dieta e asseio também criavam um distanciamento inevitável. E, sobretudo, a interdição do casamento com os não judeus era considerada misantrópica. Os judeus eram não apenas estrangeiros — mantinham-se à parte.[2]

1. Paul Johnson, *História dos judeus*, p. 143.

2. Jan Nicolaas Sevenster, *The Roots of Pagon Anti-Semitism in the Ancient World*, p. 89ss.

Segundo o historiador Flávio Josefo, apenas na Babilônia, onde as ideias gregas ainda não haviam penetrado, não houve ressentimento contra o isolacionismo da comunidade judaica.[3] Isso porque os gregos viam o seu *ecumene*, isto é, o universo civilizado (em contraste com o caos para além dele), onde suas ideias prevaleciam, como uma sociedade multinacional, multirracial, e aqueles que se recusassem a aceitá-la eram inimigos do homem. O rei helênico Antíoco Epifânio, da dinastia selêucida, jurou revogar as leis judaicas "inimigas da humanidade" e sacrificou porcos sobre os livros sagrados dos judeus. Seus conselheiros, ainda em 133 a.C., afirmaram que Jerusalém deveria ser destruída e o povo judeu aniquilado, pois "se tratava do único povo que se recusava a associar-se com o restante da humanidade".[4]

No Egito Antigo, antes mesmo da sua conquista pelos gregos, já existia antissemitismo. É curioso constatar como as calúnias e as teorias conspiratórias sobre os judeus já vicejavam naquele tempo remoto. Em geral, giravam em torno dos relatos judaicos do Êxodo, que os egípcios consideravam agressivos e pretensiosos. No terceiro século a.C., um sacerdote egípcio chamado Manetho escreveu em grego uma história na qual apresenta o Êxodo dos judeus do Egito não como uma fuga miraculosa, e sim como a expulsão de uma colônia de leprosos.[5] Aliás, embora o asseio sempre tenha sido nota característica do povo judeu (ao lado da dieta e da

3. Flávio Josefo, "Antiguidades judaicas", em: *História dos hebreus*, p. 190ss.

4. Fred Skolnik e Michael Berenbaum (orgs.), *Encyclopaedia judaica*, p. 87ss.

5. Flávio Josefo, op. cit., p. 190ss.

circuncisão), vale observar como a narrativa de sujeira e mau odor (o chamado *foetor judaicus*) persistiu ao longo de toda a história do antissemitismo. A tradição de lavar as mãos, por exemplo, salvou grandes contingentes da comunidade judaica da peste negra, mas a força do preconceito — ilustrado pelo xingamento *judeu imundo* — subsistiu ainda assim.

Como depois ocorreria na Idade Média, na Modernidade e até os dias de hoje, as fábulas sobre os judeus eram inventadas, disseminadas e depois repetidas indefinidamente. O grego Apolônio Molon, autor do primeiro ensaio dedicado a atacar os judeus, inventou que eles adoravam uma cabeça de burro e que a mantinham, supostamente, em seu templo. Tal lenda remonta ao século II a.C., sendo repetida pelos pensadores Posidônio, Demócrito, Apião, Plutarco e Tácito — embora todos, sem exceção, soubessem que os judeus não adoravam imagens de qualquer espécie.[6] Outra falácia muito divulgada era que faziam sacrifícios humanos secretos, o que contradizia uma das conquistas civilizatórias do Judaísmo, a partir do famoso episódio do sacrifício de Isaac. A tradição pagã na Mesopotâmia envolvia o sacrifício de filhos em oferenda às divindades. Como se sabe, embora Deus tenha inicialmente exigido que Abraão matasse o filho Isaac no Monte Moriá, o sacrifício acabou sendo abortado por uma contraordem do Criador transmitida por um anjo. Um carneiro foi então abatido no lugar do menino.[7] A sacralidade da vida humana é, por certo, um

6. Paul Johnson, op. cit., p. 144.

7. *Gênesis*, capítulo 22, versículo 5.

dos legados do Judaísmo à futura construção da ideia moderna de direitos humanos.

Os romanos foram, de início, complacentes com os judeus (deram-lhe, por exemplo, o direito de não trabalhar aos sábados nas cidades), mas as relações logo se deterioraram, com a fundação do império e a adoração do imperador. Intelectuais gregos estimulavam a hostilidade oficial romana. Lispímaco, chefe da Biblioteca de Alexandria, convenceu o imperador Cláudio a advertir os judeus intolerantes "de que os trataria como pessoas que contaminam o mundo com uma praga geral". Os helênicos de Alexandria e da Palestina eram homens notórios por seu antissemitismo e influenciaram vários imperadores romanos a adotar medidas restritivas aos direitos dos judeus.

Muito tempo antes, o rei babilônio Nabucodonosor II, em 586 a.C., invadiria Jerusalém e destruiria o Primeiro Templo, construído pelo rei Salomão (966-926 a.C.). Esse foi o primeiro exílio dos israelitas, que passaram cerca de cinquenta anos escravizados na Babilônia. Ao fim desse período, seguiu-se a reconquista de Jerusalém pelos judeus e a reconstrução do Templo — o Segundo Templo. A terra de Israel esteve sob o jugo sucessivo de diferentes potências da época, como assírios, persas, gregos, selêucidas e romanos. O Império Romano estabeleceu um protetorado no reino de Israel em 63 a.C. e, a partir daí, a religião judaica passou a ser constantemente reprimida, com a profanação de seus locais de culto.

Houve duas grandes revoltas judaicas contra o domínio romano. A primeira ocorreu de 66 d.C. a 72 d.C., resultando na destruição de Jerusalém e do Segundo Templo pelas tropas do general Tito. Até hoje está de pé em Roma o Arco de Tito, erguido em celebração à vitória romana. Estima-se que cerca de um milhão de judeus tenham sido mortos durante os combates. A segunda revolta, liderada por Simão Bar Kochba, foi esmagada pelo imperador Adriano em 135 d.C., ocasião em que os judeus remanescentes foram escravizados ou expulsos definitivamente de sua terra. Foi Adriano quem renomeou a província da Judeia, chamando-a de Palestina (Filistina, em alusão ao povo filisteu), e ergueu um templo romano dedicado a Júpiter nas ruínas de Jerusalém, rebatizada como Aelia Capitolina. A expropriação da terra de Israel por Roma deu origem à chamada diáspora — o espalhamento dos judeus pelo mundo —, fenômeno que perduraria por quase dois mil anos.

O antissemitismo sob o jugo romano atravessou duas fases. A primeira se deu no período do paganismo, sob forte influência grega; a segunda, a partir do surgimento do Cristianismo, o que culminaria com a adoção deste como religião oficial do império. Em ambos os períodos, restrições, perseguições, massacres e destruições foram devastadores para os judeus. Não há como distinguir os dois períodos em termos de crueldade e efeitos deletérios. Mas chama atenção como um credo monoteísta, nascido do ventre do próprio Judaísmo, pôde igualar-se ao politeísmo pagão no quesito de hostilidade aos judeus.

As duas catástrofes, de 70 d.C. e 135 d.C., efetivamente puseram termo à história estatal judaica na Antiguidade. Seguem-se daí duas consequências de grande significado histórico. A primeira foi a separação definitiva do Judaísmo e do Cristianismo. O apóstolo Paulo, escrevendo cerca de cinco ou seis décadas depois de Cristo, repudiou a lei judaica para os gentios conversos e enfatizou a crença na morte e na ressurreição de Jesus como mecanismos de salvação. Após dois massacres desencadeados pelos romanos, a velha Igreja cristã-judaica de Jerusalém estava em ruínas e, com ela, todo o sincretismo que houvera entre os ensinamentos de Jesus e a tradição judaica. Em seu lugar emergiu o Cristianismo helênico, que teve em Paulo seu grande teólogo.

Embora somente nos concílios de Niceia (325 d.C.) e de Éfeso (431 d.C.) o Catolicismo tenha oficialmente esclarecido que Jesus Cristo era Deus, a teologia paulina já o anunciara. Tal declaração afastou Jesus da figura do Messias prometido na Torá (*Christu*, em latim, e *Christós*, em grego, significam "ungido", referindo-se ao *Mashiach*, em hebraico). Os judeus não podiam aceitar a natureza divina de Jesus e os cristãos não podiam aceitar que Jesus fosse qualquer coisa menos do que Deus. Embora concordassem virtualmente em todo o resto, cada fé passou a ser uma ameaça para a outra.

Isso não significava, necessariamente, que judeus e cristãos tivessem de se tornar inimigos uns dos outros. O problema foi a segunda consequência advinda da emergência do Cristianismo de matriz helênica. Os quatro Evangelhos que compõem o Novo Testamento herdaram o estilo polêmico da literatura litúrgica judaica. O tom hostil aos judeus tornou-se a forma retórica característica do Cristianismo erigido sobre os escombros da destruição romana de Jerusalém. O Evangelho de João se refere setenta e uma vezes aos judeus sempre como "aqueles que se opõem aos ensinamentos de Jesus".

Mais do que hereges, os judeus são referidos como essencialmente malignos: "Vós sois de vosso pai, o diabo."

No entanto, a pior de todas as acusações consta no Evangelho de Mateus. Depois que Pôncio Pilatos, governador romano da Judeia, lava as mãos, ou seja, se exime em relação à condenação de Jesus, o povo exclama: "Caia sobre nós seu sangue, e sobre os nossos filhos." Essa fala é interpretada como uma assunção de culpa pelos judeus, aceitando a morte de Jesus tal qual um fardo a ser suportado por eles e sua descendência. O teólogo grego Orígenes deu o tom, no século III, de como o versículo ecoaria séculos afora: "Portanto, o sangue de Jesus derramou-se não só sobre os que existiam naquele tempo, mas também sobre todas as gerações de judeus que se seguiriam, até o fim dos tempos." Somente Mateus registra essa suposta reação em massa, enquanto Marcos e Lucas fazem uma distinção entre um pequeno grupo de judeus convocados por Pilatos e "uma grande multidão de povo", que seguia Jesus e "se lamentava por causa dele" (Lucas 23:27).

A acusação de deicídio e da culpa coletiva dos judeus criou um ramo "especificamente cristão de antissemitismo que acabou se misturando à tradição antissemita pagã para formar, com o tempo, uma poderosa máquina de ódio".[8] A esse fato se somou a coincidência do nome de Judas Iscariotes (helenização do nome hebraico Judá ish Qeryoth), aquele que traiu Jesus, que passou a personificar a figura do judeu traiçoeiro — um arquétipo cultivado cuidadosamente daí em diante.

8. Paul Johnson, op. cit., p. 155.

2. Do Império Romano à Inquisição: perseguições, conversões forçadas, demonização

A acusação de deicídio, num mundo predominantemente cristão, seria das mais infamantes. O Cristianismo não apenas tomou o discurso universalista de uma corrente judaica, como demonizou os judeus e submeteu-os a uma espécie de indiciamento permanente pelo assassinato de Jesus. O antissemitismo religioso teve no Cristianismo o seu maior divulgador, ao menos até a promulgação do documento conciliar *Nostra Aetate*, em 1965, pelo papa Paulo VI (Giovanni Montini). Resultado direto do Concílio Vaticano II, convocado pelo papa João XXIII (Angelo Roncalli), foi apenas nesse documento que a Igreja Católica reconheceu suas raízes judaicas e o patrimônio espiritual comum com os judeus. Mesmo reafirmando "que as autoridades dos judeus e os seus sequazes tenham ungido a condenação de Cristo à morte", nesse documento a Igreja admitiu que "não se pode imputar indistintamente a todos os judeus que então viviam, nem aos judeus do nosso tempo, o que na sua Paixão se perpetrou". Pela vez primeira um documento papal deplorou, expressamente, "os ódios, perseguições e manifestações de antissemitismo, seja qual for o tempo em que isso sucedeu e seja quem for a pessoa que isso promoveu contra os judeus". Mas esse reconhecimento só aconteceu quase dois mil anos depois da passagem de Jesus de Nazaré por este mundo.

De uma pequena seita judaica estabelecida em Jerusalém, o Cristianismo se expandiu de forma lenta, porém resiliente, como uma religião minoritária e clandestina nos três primeiros séculos da Era Comum. Foram inúmeras as perseguições desencadeadas pelo Estado romano, como sob os imperadores Nero e Diocleciano. Somente após a conversão do imperador Constantino ao Cristianismo e a promulgação do Édito de Milão (313 d.C.), que assegurou liberdade religiosa no império, cessaram as perseguições aos cristãos. Inicia-se, então, uma fase de intenso sincretismo, mediante a adaptação das velhas tradições pagãs ao Catolicismo. O Natal, que era o dia do Sol Invicto (*Dies Natalis Solis Invicti*), uma divindade romana, é adaptado para tornar-se o dia do nascimento de Jesus, e não mais a celebração do solstício de inverno. O Panteão de ídolos romano se transforma no Altar dos Santos, que passam a ser venerados como intercessores perante Deus. As procissões públicas romanas, como as Lupercálias e as Vestais, são substituídas pelas procissões católicas, como a de Corpus Christi, na qual o Sacramento é levado pelas ruas em cerimônia solene. O Concílio de Niceia, convocado em 325 d.C., unificaria os dogmas religiosos do Catolicismo e, em 380 d.C., sob o imperador Teodósio I, o Édito de Tessalônica declararia o Cristianismo a religião oficial do Império Romano.

No entanto, as invasões bárbaras dos séculos IV e V vulneraram as fronteiras do Império e facilitaram saques a Roma, como os promovidos pelos visigodos, em 410 d.C., e pelos vândalos, em 455 d.C., culminando, em 476 d.C., com a deposição de Rômulo Augusto, o último imperador romano do Ocidente, pelo líder germânico Odoacro. A Igreja Católica romana ganharia proeminência na Idade Média, tornando-se a grande instituição política e cultural da Europa. O Império Romano do Oriente, também chamado Império Bizantino, subsistiu até a queda de Constantinopla, em 1453. Enquanto o papa se tornava o líder da cristandade no Ocidente, a partir de 1054, com o chamado Cisma do Oriente e o surgimento da Igreja Ortodoxa, o Cristianismo oriental seguia o Patriarca de Constantinopla.

O mundo cristão foi um mundo hostil para os judeus. Para eles, a Idade das Trevas não poderia ter sido batizada com nome mais adequado. Formadas por hordas de fanáticos cristãos, as Cruzadas se puseram em marcha rumo a Jerusalém, a partir do século XII, dispostas a libertar a Terra Santa do domínio muçulmano. Parecia-lhes natural combater os inimigos de Cristo na própria Europa. Em 1096, os cruzados, em sua rota para Jerusalém, massacraram e saquearam comunidades judaicas no continente europeu. Além de perseguidos e humilhados, os judeus passaram a sofrer restrições em sua vida cotidiana, como a proibição de exercer diversas profissões, a segregação territorial do restante da sociedade (com a criação dos guetos, a partir do primeiro gueto judaico, em Veneza) e a obrigação de usar símbolos autoidentificadores que incentivavam a estigmatização.

No fim do século XI, o papa havia permitido que os judeus fizessem empréstimos a juros, embora isso fosse proibido a cristãos. Já no século XIII, o papa Inocêncio III (Lottario Segni) convocou o IV Concílio de Latrão, que condenou a cobrança de juros, impondo aos judeus a acusação da prática de usura. A perseguição, nesse caso, também atendia aos interesses de devedores, que visavam a mitigação ou mesmo o perdão de suas dívidas por empréstimos tomados de judeus. É inevitável pensar na hostilidade até hoje associada à presença de judeus no mundo das finanças. Naquele tempo, como ainda agora, primeiro o crédito é bem-vindo; depois, os credores são demonizados.

Também é desse período o foco doutrinário na Paixão de Cristo. A hóstia deveria ser vista como o corpo de Jesus, e o vinho da missa, o seu sangue. Em vários locais da Europa, surgiriam boatos em torno do chamado *libelo de sangue* — uma acusação, jamais comprovada, de que os judeus sacrificavam crianças cristãs para usar o seu sangue em rituais secretos. Assim, por algum processo obsessivo, profundamente arraigado no inconsciente coletivo da cristandade, a acusação de que os judeus teriam sido os responsáveis pelo sacrifício de Jesus foi transformada em outra, também banhada em sangue. A despeito da reconhecida falsidade dessa afirmação, tamanha foi a sua força simbólica, adquirida com a repetição exaustiva, que o mito é reproduzido ainda hoje em caricaturas e campanhas de desinformação espalhadas pela internet.

No século XIV, quando a praga se espalhou pela Europa, não tardou a surgir a mentira, amplamente divulgada, de que os judeus haviam envenenado poços e cisternas, transmitindo a peste negra para a população. Sob tortura, alguns médicos judeus assinaram confissões que correram cidades da Alemanha e da Suíça. Com esse apelo, judeus foram expulsos delas ou submetidos a *pogroms*,[1] como forma de retaliação e pilhagem patrimonial. Também nesse caso o paralelo com a atualidade é inevitável: ao longo da pandemia de Covid-19 não foram poucas as notícias fraudulentas que imputavam a criação e a propagação do vírus a alguma conspiração judaica contra a humanidade.

A Inquisição foi outra invenção da Igreja na Idade Média que se nutriu do antissemitismo e o incrementou. Não apenas os judeus, mas, sobretudo, eles eram os hereges preferenciais. O primeiro Tribunal do Santo Ofício, instalado em 1233 pelo papa Gregório IX (Ugolino di Conti), foi criado para investigar os cátaros, acusados de heresia. Foi esse

1. "*Pogrom* é uma palavra russa que significa 'destruição maciça, destruir violentamente'. Ao longo da História, o termo designa os violentos ataques da população não judia contra os judeus na área do Império Russo." Cf. "Pogroms (artigo resumido)", *Enciclopédia do Holocausto*. Disponível em: <https://encyclopedia.ushmm.org/content/pt-br/article/pogroms=-abridged-article#:~:text-Pogrom%20%C3%A9%20uma%20palavra%20russa,na%20%C3%A1rea%20do%20Imp%C3%A9rio%20Russo>. Acesso em: 31 ago. 2025.

mesmo papa que proibiu o Talmude, compilação de leis e tradições orais judaicas. Embora sua justificativa formal fosse zelar pela doutrina da fé cristã, a Inquisição acabou tendo também um papel político decisivo. A Igreja processava e julgava os hereges, mas cabia ao Estado executar as sentenças. O *auto de fé* era a exibição pública à comunidade do poder eclesiástico contra os inimigos da religião ou do Estado. Em muitos casos, os reis se serviam dos inquisidores para se livrar de opositores ou de credores. As penas envolviam tortura, confisco, degredo e morte por meios cruéis e degradantes. A conversão forçada era, a depender do caso, a única saída para escapar do pior, mas em geral envolvia um processo prévio de humilhação pública. O número de judeus mortos no garrote e na fogueira da Inquisição é incerto. O certo, todavia, é que na Idade Média os judeus não podiam existir, nem individual nem coletivamente, como judeus.

No final do período medievo, a judiaria europeia estava degradada, empobrecida e fragilizada. Os judeus haviam se tornado dispensáveis, a despeito de sua enorme contribuição à economia e à cultura, e acabaram sendo postos para fora da Europa. Foram expulsos de Viena e Linz em 1421; de Colônia, em 1424; de Ausburgo, em 1439; da Baviera, em 1442; da Morávia, em 1454; de Perugia, em 1485; de Vicenza, em 1486; de Parma, em 1488; de Milão e Luca, em 1489; de Florença e toda a Toscana, em 1494. Da Espanha, os reis católicos, Fernando de Aragão e Isabel de Castela, os expulsaram em 1492, enquanto, em Portugal, o rei Dom Manuel assinou um decreto de desterro em dezembro de 1496, permitindo-lhes permanecer no território do reino desde que se convertessem ao Cristianismo até o fim de outubro de 1497. Ainda antes do termo final, o rei português mandou sequestrar as crianças judias para serem criadas por famílias cristãs, o que foi feito com grande violência. Na iminência do vencimento do prazo, cerca de 20 mil judeus se concentravam nos arredores do porto de Lisboa, na intenção de deixar o país. Os que não lograram êxito na fuga acabaram sendo forçados à conversão, dando origem aos cristãos-novos (ou marranos), muitos dos quais praticavam o Judaísmo em segredo (criptojudaísmo), embora publicamente professassem a fé católica.

A esta altura, a ideia de que o judeu conhecia a verdade a respeito da natureza de Jesus, mas a rejeitava, já estava estabelecida. Portanto, ele não era humano, ao menos no sentido em que os cristãos imaginavam que eram. Assim, essa categoria de pessoa conhecida como judeu podia ser excluída da sociedade e isso já estava efetivamente acontecendo. Mesmo com o fim da Idade das Trevas, as muralhas do ódio, longe de desaparecerem, estavam se transformando em muralhas reais, à medida que surgia o gueto europeu.[2]

2. Paul Johnson, op. cit., p. 241.

3. Reforma e Contrarreforma: a guetificação, o criptojudaísmo e a tradição escondida

A Reforma Protestante representou o fim da unidade da Igreja Católica no mundo cristão e, para muitos historiadores, além de marcar o encerramento da Idade Média, abriu caminho para a Modernidade. De início, os judeus assistiram com esperança ao surgimento de um renovado interesse por estudos hebraicos incentivado pela Reforma. Eruditos do Renascimento foram, de fato, hebraístas cristãos, como Pico della Mirandola, Joahnn Reuchlin, Sebastian Münster, Felipe Melanchton e Erasmo de Roterdã. Mas o interesse pelo Antigo Testamento não significava que esses intelectuais reformadores fossem pró-judeus. Erasmo, por exemplo, disse: "Não se pode encontrar nada mais avesso a Cristo e seu inimigo do que essa praga."[1] Ao inquisidor de Colônia, ele escreveu: "Quem há entre nós que não odeie essa raça de homens? Se é cristão odiar os judeus, aqui nós somos todos cristãos em profusão." A velha animosidade ganharia, na verdade, um ímpeto renovado com a Reforma.

Martinho Lutero, monge agostiniano alemão, chegou a buscar nos judeus apoio para a sua nova interpretação da Bíblia e a rejeição às exigências papais.[2] Em 1523, ele escreveu um panfleto no qual afirmava que não havia mais razões que impedissem os judeus de abraçar o Cristianismo, conclamando-os a uma conversão voluntária em massa. Quando eles replicaram dizendo que a interpretação talmúdica das Sagradas Escrituras era melhor que a de Lutero e o convidaram à conversão, este reagiu com fúria. Em 1543, no panfleto intitulado "Sobre os judeus e suas mentiras", Lutero incitaria o mundo cristão ao ódio e à violência contra os judeus. Essa parece ter sido a primeira obra escrita do antissemitismo moderno, verdadeiramente precursora do Holocausto. A virulência de seus termos impressiona, sobretudo por tratar-se de um pensador cristão.[3]

1. Jonathan Israel, *European Jewry in the Age of Mercantilism – 1550-1750*, p. 15.

2. Em 1517, Martinho Lutero afixou as suas famosas 95 teses na Paróquia de Wittenberg, propondo a revisão de dogmas do Catolicismo, entre elas, a concessão de indulgências, por exemplo.

3. Martinho Lutero, "On the Jews and Their Lies": "Os judeus são vermes venenosos. (...) Suas sinagogas e escolas devem ser incendiadas, seus livros de oração destruídos, suas casas arrasadas, suas propriedades confiscadas, seus rabinos proibidos de pronunciar sermões. (...) Eles não merecem ser tratados com nenhuma clemência ou bondade, devendo ser dirigidos a trabalhos forçados ou expulsos para sempre. (...) Devemos tratá-los como cachorros loucos, para não

A ruptura com a Igreja Católica espalhou-se pelo continente europeu, por despertar o desejo de independência dos monarcas em relação ao poder papal e também a possibilidade de secularização dos bens eclesiásticos. Se, de um lado, a imprensa de Gutenberg impulsionou a divulgação dos ideais da Reforma Protestante (favorecida pelas traduções da Bíblia para os idiomas nacionais), de outro lado, a Igreja respondeu com a chamada Contrarreforma (ou Reforma Católica). Alguns historiadores rejeitam a existência de uma relação de causa e efeito entre uma e outra. Seja como for, a Contrarreforma, quando veio, tratou duramente tanto os protestantes quanto os judeus. Seu marco costuma ser apontado pela instalação, em 1545, do Concílio de Trento, realizado na localidade situada no que é território italiano desde 1918. Entre outras medidas importantes, houve a retomada do Tribunal do Santo Ofício, a criação do *Index Librorum Prohibitorum*, com uma relação de livros proibidos pela Igreja, e o incentivo à catequese dos povos do Novo Mundo, com a criação de novas ordens religiosas, entre elas a Companhia de Jesus.

Em 1555, o cardeal Caraffa — grande inquisidor e flagelo de judeus, hereges e dissidentes — torna-se papa, com o nome Paulo IV. Compartilhando da opinião de Erasmo de Roterdã de que o Judaísmo seria uma ameaça à fé cristã, Caraffa edita a bula *Cum Nimis Absurdum*, estendendo para todas as cidades sob jugo papal a solução adotada em Veneza: isolar os judeus num gueto, cercado de muralhas. Apenas

sermos parceiros em suas blasfêmias e vícios, e para que não recebamos a ira de Deus sobre nós."

Livorno não criou gueto de espécie alguma. Na esteira do Vaticano, as monarquias europeias seguiram a onda da Contrarreforma. Os judeus e os marranos passaram a ser encarados como um elemento perturbador da ordem constituída. O Brasil foi um país erigido à sombra da Contrarreforma.

A partir de 1497, em Portugal, a solução da conversão forçada daria origem aos cristãos-novos, um tipo de pária sujeito a toda espécie de restrições e humilhações. Era natural, então, que muitos se interessassem por construir a vida nas terras recém-descobertas. Aliás, na própria aventura náutica ultramarina portuguesa há registros de judeus conversos, a exemplo de Gaspar da Gama, que exercia a função de "língua", ou seja, de intérprete. Ele se encontrou com o navegador Vasco da Gama nas Índias, tendo integrado, como língua, a esquadra de Pedro Álvares Cabral que encontraria o Brasil, em 1500. Sua origem era polonesa, mas ainda menino migrou para Alexandria e de lá para as Índias. Os relatos dão conta de um notável espírito empreendedor e uma rara habilidade de se comunicar em idiomas diversos. Embora tenha sido preso por Vasco da Gama e levado por ele para Portugal, os dois viriam a se tornar amigos. Por ocasião do batismo de Gaspar, Vasco seria seu padrinho e até iria lhe emprestar o sobrenome.

Sob forte vigilância da Inquisição, os cristãos-novos só poderiam praticar o Judaísmo de maneira discreta ou oculta (o chamado *criptojudaísmo*), tanto em Portugal quanto no Brasil. Eles são o exemplo paradigmático do que Hannah Arendt chamaria de *tradição escondida*.[4] Segundo o historiador Jacques

4. Hannah Arendt, *La tradition cachée: le Juif comme paria*.

Ribemboim, em Olinda, na Capitania Hereditária de Pernambuco, seria instalada a primeira comunidade judaica das Américas. Entre 1535 e 1630, portanto, tem-se um período de criptojudaísmo olindense.[5] Com a invasão holandesa, muitos dos descendentes desses marranos reassumem a fé judaica e se integram às congregações nascentes em Recife e na Cidade Maurícia. É desse período a fundação da primeira sinagoga pública das Américas (em 1636 ou 1637), a Kahal Kadosh Zur Israel (Congregação Sagrada Rochedo de Israel), na antiga Rua dos Judeus, em Recife, depois rebatizada como Rua do Bom Jesus. A Cidade Maurícia abrigaria a segunda sinagoga pública do Brasil e das Américas, a Kahal Kadosh Maguen Abraham (Congregação Sagrada Escudo de Abraão).

O domínio holandês em Pernambuco (1630-1654) foi um período não apenas de tolerância, mas de grande prosperidade comercial e de florescimento do Judaísmo. A comunidade sefardita em Amsterdã concordou em enviar dois rabinos ao Brasil para reintroduzir as tradições, numa comunidade que havia sido cristianizada à força e privada de acesso ao ensino religioso. O rabino Isaac Aboab da Fonseca (ele próprio, um ex-cristão-novo) assume a sinagoga de Recife e o rabino Moisés Raphael de Aguillar, a da Cidade Maurícia. Além delas, a comunidade contava com um cemitério, uma escola para estudos da Torá, uma associação de assistência social e uma cooperativa de crédito. Os israelitas — a *gente de nação*, como eram também chamados — tinham uma importância estratégica, atuando como tradutores nos diferentes ra-

5. Jacques Ribemboim, *História dos judeus de Pernambuco*, p. 13.

mos do comércio e do direito. Com o passar dos anos, eles também viriam a se desenvolver como empreendedores. Os limites do Brasil Holandês se expandiriam para todo o Nordeste brasileiro, alcançando seu apogeu sob a liderança do Conde Maurício de Nassau, após dez anos de ocupação.

Mas, em 1640, Portugal retoma a sua Coroa, depois de sessenta anos de União Ibérica. Dom João IV decide romper o pacto com a Holanda de não agressão e, após batalhas sucessivas, como as dos Montes Guararapes (1648-1649), o declínio neerlandês é evidente. Em 1653, Recife estava sitiada por tropas portuguesas, o que culminaria com a sua rendição, em janeiro de 1654. Os holandeses negociaram uma capitulação digna, com o perdão dos vencidos, incluindo os judeus, que tiveram noventa dias para deixar a Colônia. Muitos fugiram para as Antilhas holandesas e outras regiões do Caribe, alcançando até a região da atual Flórida. Outros partiram para Amsterdã, sendo acolhidos na comunidade local. É conhecida a história dos 23 judeus que se dirigiam para a capital da Holanda, mas cuja rota teve de ser desviada e eles acabaram aportando em Nova Amsterdã, na ilha de Manhattan.[6] Passando ao controle britânico, a partir de

6. Em 1º de maio de 2012, uma nota oficial assinada pelo então presidente dos Estados Unidos, Barack Obama, foi divulgada pela Casa Branca. Nela se lê: "Há 358 anos, um grupo de 23 refugiados judeus escapou de Recife, Brasil, acossados pela intolerância e opressão. Para eles, a fuga marcou o fim de mais um capítulo de perseguição para um povo que vem sendo posto à prova desde o momento em que passou a professar a sua fé. Quando esses homens, mulheres e crianças desembarcaram em Nova Amsterdã — hoje a cidade de Nova York —, encontraram não apenas um porto seguro, mas as sementes de uma tradição de liberdade e oportunidade que uniria para sempre suas histórias à história norte-americana."

1664, a pequena vila seria renomeada como Nova York. Ali fundaram uma comunidade chamada Shearit Israel (Remanescentes de Israel), ainda existente, e ergueram, em 1730, a primeira sinagoga da América do Norte. Depois de algumas mudanças de prédio, a comunidade se fixou na Rua Setenta, em frente ao Central Park, onde funciona desde 1897. É mais conhecida como Sinagoga Espanhola e Portuguesa.

Os que quiseram permanecer, "embrenharam-se sertões adentro, retornaram ao Catolicismo ou desenvolveram alguma espécie de criptojudaísmo, longe do litoral e dos olhos dos espiões do Santo Ofício".[7] Isso não impediu que, anos mais tarde, fossem capturados e enviados a Lisboa como apóstatas, conforme asseveram os processos arquivados na Torre do Tombo.[8] O antissemitismo fincou raízes no Brasil com a Contrarreforma e, infelizmente, a educação católica tradicional, prevalecente desde então, cuidou de perpetuá-lo. O Tribunal da Inquisição transferiu-se para cá em duas ocasiões e deixou entre nós o seu legado sectário e intolerante.

Apesar disso, houve cristãos que se mostraram solidários com os judeus, arriscando a própria vida. O mais proeminente deles foi, por certo, o padre Antônio Vieira, que atuou como defensor de inúmeros cristãos-novos, intervindo em favor deles diante do rei João IV e até perante o papa. Seu conflito com o Santo Ofício custou-lhe um processo contra si próprio, aberto em 1663, no qual foi condenado, sendo

7. Lira Neto, *Arrancados da terra*, p. 304.

8. Anita Novinsky, E. Ribeiro, D. Levy e L. Goresnstein, *Os judeus que construíram o Brasil*.

mantido em prisão por dois anos em Coimbra. Em 1668, suas penas foram perdoadas e somente em 1675 a sentença foi anulada pelo papa Clemente X (Emilio Altieri).

Apenas em 1965, com o documento conciliar *Nostra Aetate*, os judeus foram considerados isentos de qualquer culpa coletiva pela condenação de Jesus. Também as menções depreciativas que constavam das orações católicas foram abolidas. Antes disso, em 1960, o intelectual judeu francês Jules Isaac conseguiu convencer o papa João XXIII (Angelo Roncalli) a encaminhar as questões judaico-cristãs ao Concílio Vaticano II (1962-1965). Nesse encontro, Roncalli lembrou que, quando atuava como embaixador do Vaticano na Turquia, emitiu certificados falsos de batismo para salvar crianças judias. Também foi ele que, pela primeira vez na História, num sábado pela manhã parou para abençoar os judeus que saíam da sinagoga de Roma. Em 1986, coube a João Paulo II (Karol Wojtyla) fazer a primeira visita de um papa, em dois mil anos, a uma sinagoga, gesto depois repetido por Bento XVI (Joseph Ratzinger) e Francisco (Jorge Bergoglio). Na ocasião, em seu discurso, Wojtyla disse que "os judeus são os irmãos mais velhos dos cristãos".

Em geral, porém, a santidade se encontra em ações ocultas executadas por pessoas anônimas. Pio XI (Achille Ratti) elogiou publicamente Adolf Hitler semanas após a sua ascensão ao poder. Durante a Segunda Guerra, Pio XII (Eugenio Pacelli) foi incapaz de condenar em público a "Solução Final", embora dela tivesse conhecimento inequívoco. Já o frei de nome Bernhard Lichtenberg, da catedral católica de Santa Edwiges, em Berlim, rezou publicamente pelos judeus em 1941. E, após encontrarem em seus aposentos anotações segundo as quais ele planejava dizer aos membros de sua congregação que eles não deviam acreditar numa conspiração judaica que visava matar todos os alemães, os nazistas o prenderam. Ficou preso por dois anos e, quando saiu da prisão, foi enviado para o campo de concentração de Dachau. Lichtenberg seria beatificado em 1996.

Francisco, ao longo de seu pontificado, não canonizou Pio XII, diante da controvérsia em torno da sua conduta durante a Segunda Guerra, em contrapartida, beatificou uma família inteira de poloneses católicos anônimos. O casal Josef Ulma e Wiktoria e seus filhos, com idades entre dois e oito anos, foram assassinados a sangue-frio pela temida SS (Schutzstaffel), após a descoberta de que eles haviam escondido em sua residência, por um ano e meio, uma família de judeus. Francisco declarou que "a família [de Josef e Wiktoria] foi um raio de luz nas trevas da Segunda Grande Guerra", e o Estado de Israel incluiu o casal polonês no rol dos Justos Entre As Nações, ao lado do industrial alemão Oskar Schindler e outros não judeus heroicos, que ajudaram a salvar a vida de pessoas inocentes.

4. Intenções à parte: Shakespeare e a ambiguidade do imaginário antissemita

Quem ousa acusar Shakespeare de antissemitismo? Decerto algum judeu, dirão os antissemitas. Como o maior leitor da alma humana poderia cometer tamanha ignomínia? Tal qual o escritor Machado de Assis, o Bardo nunca se entrega de maneira óbvia. A ambiguidade de suas tramas e personagens desvela a complexidade de nosso espírito. Não seria diferente na questão do antissemitismo. Mesmo quando equivocado, Shakespeare não deixa de ser genial.

Os judeus foram expulsos do Reino Unido em 1290, pelo rei Eduardo I, e os que lá quisessem permanecer deveriam se converter ao Cristianismo. Até o fim do século XV, os poucos judeus que viviam na Inglaterra eram conversos, em sua maioria expulsos de Portugal e Espanha. Além da busca pela sobrevivência, procuravam manter-se leais às tradições praticando a sua fé de maneira oculta. Sob o reinado de Henrique VIII (1509-1547), viveram de forma relativamente tranquila em Londres e Bristol, graças ao prestígio da família Mendes entre a realeza britânica. Detentores de um império comercial, os Mendes eram comerciantes judeus de origem portuguesa que haviam concedido empréstimos ao soberano. Outro judeu conhecido na época era Rodrigo Lopes, que se estabeleceu em Londres, foragido da Inquisição portuguesa. Tornou-se médico particular da rainha Elizabeth I. Mas, em 1594, vítima de uma conspiração que o acusou de tentar envenenar a rainha, Lopes foi preso, julgado e condenado à morte. Por conta desse imbróglio, vários conversos foram obrigados a deixar a Inglaterra.

Entre 1596 e 1598, William Shakespeare escreveu *O mercador de Veneza*, peça na qual se destaca a figura do comerciante judeu Shylock. O Bardo nascera em 1564, em Stratford-upon-Avon, a cerca de 150 quilômetros de Londres. O mais provável é que nunca tenha conhecido qualquer judeu em sua vida. Em nenhuma de suas várias biografias há alusão a isso, nem tampouco notícia de que tenha frequentado a chamada Casa dos Conversos, local em Londres em que os judeus se convertiam ao Cristianismo em caráter formal. Ao que tudo indica, Shakespeare pautou-se pelos estereótipos judaicos vigentes à época. É possível que tenha sido influenciado por uma das obras teatrais de maior sucesso em seu tempo, *O judeu de Malta*, escrita pelo dramaturgo e poeta Christopher Marlowe pelo menos cinco anos antes de *O mercador de Veneza*.

Se a peça de Shakespeare provoca controvérsia pela forma como personifica os judeus na figura de Shylock, a obra de Marlowe é de um antissemitismo explícito e acintoso. Barrabas (atenção para o nome), seu protagonista, é um judeu rico, vingativo, astucioso e desonesto que não hesita em cometer crimes contra os inimigos. O contexto da peça coloca Barrabas na posição de dizer algumas verdades ácidas sobre a sociedade maltesa de então, marcada por hipocrisias, mas isso não diminui o ranço terrível que recai sobre o caráter do personagem. Seu ódio por cristãos e turcos é implacável e seu amor por dinheiro, incomensurável. A peça fez muito sucesso como comédia de costumes e pode ser classificada como uma ode ao antissemitismo recreativo de então.

Shakespeare, como se sabe, é muito mais sofisticado que Marlowe. O enredo de *O mercador de Veneza* gira em torno de um empréstimo concedido por Shylock a Barsânio, que precisa do dinheiro para cortejar Pórcia, uma bela e rica mulher. O empréstimo tem como fiador Antônio, amigo de Barsânio, que aceita dar em garantia uma libra de carne do próprio corpo caso a dívida não seja paga. Embora a peça contenha um monólogo de Shylock que costuma ser apresentado como argumento em defesa do comerciante judeu,[1]

1. A seguir, o monólogo alvo de acesa controvérsia: "Ele me humilhou, impediu-me de ganhar meio milhão. Zombou dos meus lucros, zombou da minha nação. E tudo por quê? Por eu ser judeu. Os judeus não têm olhos? Os judeus não têm mãos, órgãos, dimensões, sentidos, inclinações e paixões? Não comem os mesmos alimentos, não se ferem com as mesmas armas, não estão sujeitos às mesmas doenças, não se curam com os mesmos remédios, não se aquecem no mesmo inverno e se refrescam no mesmo verão, como os cristãos? Se nos espetarem não

fato é que *O mercador de Veneza* traz consigo um estereótipo bastante negativo do judeu. No final, Shylock é apresentado como o usurário (quem concede empréstimos a juros exagerados ou extorsivos) que pretende se utilizar do contrato para vingar-se de um inimigo. No tribunal, o veredito é o de que ele não poderia tirar sangue de um cidadão veneziano — o que seria uma condição para extrair o pedaço de carne de seu devedor. Shylock é condenado à morte, mas a pena poderia ser relevada se ele aceitasse se converter ao Cristianismo e repartir sua fortuna com a cidade de Veneza.

Mesmo os grandes admiradores da obra do Bardo admitem que a peça tem um viés antissemita. O crítico literário Harold Bloom, autor do monumental *Shakespeare, a invenção do humano*, afirma que "é preciso ser cego, surdo ou mudo para não reconhecer que a grande e equivocada comédia *O mercador de Veneza* é uma obra profundamente antissemita".[2] No Brasil, o escritor Moacyr Scliar foi ainda mais contundente: "Intenções à parte, o que resta da peça é uma mensagem antissemita repetida à saciedade através dos tempos. O grito de Shylock ainda ecoa como os gritos das vítimas dos campos de concentração."[3]

---

sangraremos? Se nos derem veneno não morreremos? E se nos ofenderem não devemos nos vingar? Se, em tudo mais, somos iguais a vocês, teremos de ser iguais também nesses respeitos. Se um judeu ofende um cristão, qual é a resposta deste? Vingança. Se um cristão ofende um judeu, qual deve ser a sua resposta, de acordo com o exemplo do cristão? Ora, vingança. Colocarei em prática a maldade que me foi ensinada, devendo ser censurada se eu não a fizer melhor do que a encomenda" (William Shakespeare, *O mercador de Veneza*, pp. 37-38).

2. Harold Bloom, *Shakespeare: a invenção do humano*, p. 217.

3. Moacyr Scliar, "O mercador de Veneza", jornal *Zero Hora*, 1º dez. 2005.

Entre 1933 e 1939, ensina o jornalista Zevi Ghivelder,[4] houve cerca de cinquenta montagens da peça na Alemanha nazista, sem falar na superprodução realizada em Viena, em 1943, para celebrar o *Judenrein*, a Áustria livre dos judeus. É verdade que, nessas representações, o monólogo de Shylock foi censurado, provavelmente porque os nazistas consideravam que sem ele o personagem ficaria mais caricato e desprezível. De fato, os acadêmicos que isentam Shakespeare de qualquer viés antissemita costumam se apegar ao monólogo de Shylock como prova cabal de sua tese.[5]

Mas, se Shakespeare criou uma ambiguidade ao inserir um monólogo que, de certa forma, humaniza o personagem, por que fazer de um judeu uma figura tão pateticamente desprovida de qualquer senso de justiça? Uma primeira motivação poderia ser a de suscitar polêmica e deixar aos leitores e espectadores o julgamento sobre os personagens. Uma segunda razão talvez tenha sido o sucesso de *O judeu de Malta*, de Marlowe. Vale lembrar que Shakespeare, além de dramaturgo, era produtor teatral e dono de teatros. Precisava da bilheteria, portanto. Aliás, o título original da peça era *A cômica história do mercador de Veneza*, título encurtado a partir do século XVIII sem nenhuma explicação convincente. A razão que me parece mais óbvia para haver ambiguidade no texto da peça reside no antissemitismo estrutural. Mesmo o maior autor

4. Zevi Ghivelder, "Shakespeare e os judeus", revista *Morashá*.

5. James Shapiro, *Shakespeare and the Jews*.

da dramaturgia universal parece não ter escapado de um estereótipo deletério na concepção do seu personagem. A ambiguidade, nesse caso, talvez até revele mais do que qualquer descrição objetiva.

5. O mito da dupla lealdade: a cidadania de segunda classe

A acusação de dupla lealdade tem sido manejada para questionar o grau de fidelidade de minorias étnicas aos Estados nacionais nos quais se estabelecem como imigrantes. Em alguns casos, mesmo depois de várias gerações, esses grupos são alvo da desconfiança de autoridades e até de seus concidadãos. O móvel de tal animosidade costuma ser a necessidade de encontrar culpados para situações de crise, embalada em velhos estereótipos e visões preconceituosas. Nos casos mais extremos, a dupla lealdade também serve de pretexto para a ablação de direitos de minorias, como se seus membros pudessem ser destituídos da cidadania plena, como se fossem cidadãos de segunda classe.

Na História contemporânea, nenhum episódio foi mais representativo desse fenômeno do que o famoso Caso Dreyfus (ou L'Affaire, como é conhecido na França). Alfred Dreyfus era um capitão de artilharia do Exército francês, originário da Alsácia e de ascendência judaica. Em 1894, foi condenado à prisão perpétua na Ilha do Diabo, na Guiana Francesa, por haver, supostamente, vazado segredos militares da França para a embaixada da Alemanha, em Paris. Em 1896, todavia, a contraespionagem obteve provas de que o verdadeiro culpado seria um major do mesmo Exército chamado Ferdinand Esterhazy (um conhecido jogador perdulário), mas um tribunal militar acabou absolvendo-o com notória ligeireza. O Exército produziu documentos falsos e, em 1899, Dreyfus foi novamente julgado e mais uma vez condenado, só que então a dez anos de prisão. A manipulação das provas pelo tribunal secreto que o julgou — em especial uma perícia grafotécnica que concluiu por um suposto autofalseamento caligráfico feito por Dreyfus — provocou grande mobilização na sociedade francesa.

A França se dividiu entre os que defendiam Dreyfus (os chamados *dreyfusards*), como a atriz de teatro Sarah Bernhardt e os escritores Anatole France e Émile Zola, e os que o acusavam de traição (os *antidreyfusards*), como Édouard Drumont, editor do jornal antissemita *La Libre Parole*. Coube a Zola produzir a mais célebre defesa pública da história das conspirações, intitulada *J'Accuse!* ("Eu acuso!"), na qual esclarece os detalhes da farsa montada para encontrar um bode expiatório para a venda de informações secretas à embaixada alemã. A publicação do documento pressionou o Estado francês a reabrir o caso, mas Dreyfus só seria inocentado pela Corte de Cassação em 1906, quando então foi reintegrado ao Exército como major da ativa. Ainda serviria durante toda a Primeira Guerra Mundial e seria reformado como tenente-coronel.

É digno de nota o artigo de Rui Barbosa sobre o Caso Dreyfus, escrito e publicado em 1895,[1] no calor da hora e bem no início do caso. Rui execrava o antissemitismo, atribuindo-o, de modo geral, à inveja e à rivalidade, e só excepcionalmente à paixão.[2] Como atesta o jurista Celso Lafer, o papel desempenhado pelo antissemitismo no processo Dreyfus está presente na sensibilidade de Rui.[3] A injustiça intrínseca ao caso era a mesma injustiça produzida por este que talvez seja o mais antigo ódio da história da humanidade.

O caso serviu para escancarar tanto o antissemitismo arraigado na sociedade francesa quanto uma de suas formas mais infamantes de manifestação: a acusação de infidelidade contra os judeus franceses. Aliás, como registrou o escritor Bruno Bimbi, com ironia, "seriam eles de fato franceses?".[4] As suspeitas de infidelidade e até de traição levantadas contra judeus em diáspora fazem parte do repertório antissemita de longa data. Em diversas ocasiões, a crueldade era incrementada pelo fato de as acusações se voltarem contra pessoas

1. Rui Barbosa, "O processo do Capitão Dreyfus", em: Homero Senna, *Uma voz contra a injustiça, Rui Barbosa e o caso Dreyfus*, pp. 33 e 55.

2. Antonio Batista Pereira, *O Brasil e o antissemitismo*, p. 15.

3. Celso Lafer, "O processo do Capitão Dreyfus de Rui Barbosa", em: *Direitos humanos*, vol. I, p. 166.

4. Bruno Bimbi, "*É antissemitismo sim, Gleisi*", jornal *O Globo*, 27 jan. 2024.

judias que haviam defendido seus países em guerras e situações de calamidade. Mas nada disso era suficiente para dissuadir os inquisidores sádicos, obcecados por torcer os fatos para comprovar suas teses fantasiosas.

O Caso Dreyfus impressionou o jornalista Theodor Herzl, futuro pai do movimento sionista internacional. Na época ele trabalhava em Paris, como correspondente de um jornal austríaco. Ao testemunhar a cerimônia de degradação de Dreyfus e ouvir os gritos de "Morte a Dreyfus!" e "Morte aos judeus!", Herzl se convenceu de que lutar contra o antissemitismo na Europa seria inútil. Daí, em 1895, escreveu o livro *O Estado judeu* e, em 1897, organizou o primeiro congresso sionista, na pequena cidade suíça da Basileia. O congresso reuniu judeus religiosos, não religiosos e até antirreligiosos de toda a Europa em torno do sonho acalentado por séculos, por sucessivas gerações, de restabelecimento do lar nacional do povo judeu. O que os unia, no entanto, era um medo comum: o antissemitismo. A percepção era de que somente quando o povo judeu exercesse o seu direito coletivo à autodeterminação haveria como garantir a sua segurança.

Desde que o Estado de Israel se tornou independente, todavia, a acusação de dupla lealdade foi repaginada: agora judeus do mundo inteiro são acusados de ser mais leais a Israel do que ao país de origem. O que antes era visto como uma conspiração internacional, converteu-se num libelo antissionista. Esse tipo de covardia chegou, infelizmente, aos nossos dias e ao Brasil. Uma ministra do terceiro governo Lula (2023-2026), na época presidente do Partido dos Trabalhadores, acusou a Confederação Israelita do Brasil (Conib) de agir "em nome do governo de Israel" após a entidade mover uma ação contra o jornalista Breno Altman. A Conib representa os judeus brasileiros, seja quando defende ações do governo de Israel, seja quando as critica. No caso em tela, o referido jornalista havia comparado israelenses a ratos, algo como comparar seres humanos a macacos.

Seja como for, ainda que a ministra concordasse com o comentário racista, sua crítica desvelou outro ato falho: o de que cidadãos judeus brasileiros, para serem reconhecidos como leais ao Brasil, não podem se manifestar favoravelmente a algum Estado estrangeiro. Qualquer cidadão brasileiro pode se manifestar, por exemplo, sobre a guerra entre a Ucrânia e a Rússia, iniciada em fevereiro de 2022, a situação política complicada na Venezuela e até sobre a questão nacional palestina. Mas, se os autores da manifestação forem judeus e a mensagem for de apoio a Israel, logo serão considerados espiões sionistas infiltrados no Brasil. O que a ministra não disse — nem poderia — é que essa narrativa é antiga e foi repetida várias vezes ao longo da História. Sua versão mais conhecida foi formulada na Alemanha, entre 1933 e 1945.

6. Antissemitismo e Modernidade: eugenia e inferioridade racial

O Iluminismo emergiu no fim do século XVIII e no curso do século XIX, com a promessa de difundir a racionalização do mundo e a superação dos obscurantismos religiosos. Para os judeus, o espírito da Modernidade trouxe, ao menos nos seus albores, a esperança da emancipação. Além da derrubada dos muros físicos dos guetos nos quais viviam confinados, a emancipação significaria a conquista da igualdade de direitos, ao menos do ponto de vista formal. Começando na França pós-revolucionária, os judeus foram aos poucos emancipados em quase toda a Europa ao longo do período oitocentista.

Assim, se de um lado a integração na sociedade deu asas às comunidades judaicas europeias, de outro lado, os judeus se tornaram membros das classes médias e da burguesia, despertando a inveja e o ressentimento daqueles de quem viraram competidores. A ideia da assimilação, saudada de início com entusiasmo, acabou sendo vista como uma ameaça aos olhos xenófobos de quem não queria dividir seu país com os antigos cativos dos guetos. O velho sentimento de hostilidade aos judeus se transmudaria do antijudaísmo religioso para algo mais adequado à Modernidade — o racismo científico.

Duas ideias alimentaram essa nova fase do antissemitismo, permeando todo o século XIX e sobrevivendo até o fim da Segunda Guerra: a teoria científica das raças humanas e o darwinismo social. Sobre a teoria científica das raças humanas: entre 1853 e 1855, o diplomata francês Joseph-Arthur Gobineau publica o influente *Ensaio sobre a desigualdade das raças humanas*, sendo por isso considerado o pai do racismo científico. Suas ideias básicas exerceriam uma ascendência determinante no pensamento europeu, servindo de pilar para o ideário do nazismo na década de 1930: (1) as diferenças entre as raças são o verdadeiro motor da História da humanidade; (2) a mestiçagem entre raças puras, com características intrínsecas superiores, e raças impuras, com traços naturalmente inferiores, foi a causa da decadência humana; (3) só a limpeza étnica pode resgatar o esplendor da raça pura superior: a raça ariana (germânica). Os judeus eram semitas, considerados inferiores, e representariam um elemento estrangeiro oriental, contaminando o sangue alemão. Gobineau orgulhava-se da intensa amizade que mantinha com o imperador Pedro II, da qual há menção numa biografia do autor que antecede a obra, numa edição de 1883. A pretensa cientificidade das convicções do diplomata francês era embasada em dados estatísticos e relatos históricos detalhados, cuja inconsistência seria depois fartamente demonstrada.

A segunda ideia influente no século XIX era a que preconizava o darwinismo social. Também aqui estamos diante de uma teoria pseudocientífica, que, nesse caso, defendia a aplicação de conceitos biológicos — como seleção natural e sobrevivência das espécies mais bem adaptadas ao meio — aos campos da sociologia, economia e política. Na mesma toada teórica, surgiria a ideia da *eugenia*, inventada pelo cientista britânico Francis Galton, em 1883, durante a Era Vitoriana. Segundo Galton, "a sociedade deveria desencorajar a reprodução por seus membros que não fossem aptos física, mental ou socialmente".[1] Nas primeiras décadas do século XX, a eugenia não apenas se desenvolveu na Alemanha como ali foi levada às últimas consequências. A chamada "*morte por misericórdia*" seria "uma forma higiênica de eliminar os inaptos", que, assim, deixariam de ser um fardo para a sociedade. Quando os nazistas chegaram ao poder, em 1933, uma unidade especial foi criada com o eufemístico nome de Fundação Geral para o Bem-Estar e o Cuidado Institucional. Composta de médicos e cientistas, essa unidade promoveu a "morte por misericórdia" de 70 mil homens, mulheres e crianças com deficiências físicas e/ou mentais. A mesma lógica macabra seria aplicada a judeus, ciganos e homossexuais ao longo do regime nazista, todos considerados membros de uma raça inferior e, portanto, socialmente inaptos.

1. Francis Galton, *Inquiries into Human Faculty and its Development*, pp. 117-118.

Toda uma pseudociência foi desenvolvida nessa época baseada numa obsessiva tentativa de conferir lastro ao insustentável. Experimentos humanos perversos foram conduzidos sem qualquer propósito. Pessoas foram reduzidas a ratos de laboratório. A genética provaria, depois, a inconsistência das teses racistas: não há diferenças relevantes no DNA das pessoas em função da cor da pele ou de outros traços fenotípicos. Também inexiste comprovação de superioridades ou inferioridades intrínsecas (por qualquer critério idealizado) de seres humanos pertencentes a esta ou àquela etnia. Não obstante, o racismo não existe em decorrência da crença na existência de raças humanas. Ao contrário, é o racista que inventa as raças e as categoriza segundo seus padrões particulares subvertidos. Por isso a desmoralização científica da teoria das raças humanas não foi suficiente para acabar com o racismo.

As chamadas Leis de Nuremberg, aprovadas na Alemanha Nazista a partir de 1935, tinham por objetivo declarado proteger a pureza do sangue e da honra do povo ariano. Os judeus eram não arianos e assim foram definidos pelos nazistas a partir do critério arbitrário dos que tinham ao menos um avô judeu. A cidadania alemã destinava-se apenas aos arianos, o que excluía os judeus, que se tornariam apátridas. Eles foram proibidos de participar do serviço público, de servir nas Forças Armadas, de lecionar em escolas e universidades, de praticar a medicina, a odontologia e o direito. Uma cota máxima foi estabelecida para a admissão de alunos judeus nas escolas. Leis humilhantes foram aprovadas, impedindo-os de frequentar parques, piscinas e saunas públicas, além de proibi-los de adotar cães. A arte e a cultura no país passaram, em geral, por uma *arianização*, com a perseguição e o banimento de artistas judeus, acusados de produzir uma "arte degenerada". A propaganda do regime nacional-socialista cuidaria de erigir uma estética ariana, que ridicularizava e diminuía o valor das minorias, especialmente os judeus. Caricaturas, livros e filmes foram produzidos para exaltar a superioridade germânica e alardear a malignidade dos semitas.

O primeiro campo de concentração seria instalado em Dachau, em 1933, apenas dois meses depois de Hitler ascender ao poder, naquele ano. Os guetos judaicos, criados durante a Idade Média, foram reeditados na Europa ocupada pelos nazistas. Depois vieram os demais campos de trabalho, concentração e extermínio em massa. Existe uma acesa controvérsia entre historiadores acerca da natureza da chamada "Solução Final" para o problema judaico. Para alguns, os nazistas sempre tiveram a intenção, constante e inequívoca, de eliminar toda a judiaria europeia (corrente intencionalista). Para outros, o Holocausto foi alcançado por uma estrada tortuosa, na qual operaram forças internas ao Estado alemão e externas a ele (corrente funcionalista). Mas essa questão não constitui objeto deste livro.

A palavra "holocausto" tem raiz grega. *Holos* significa "todo", enquanto *caustos* significa "queimado" (como em soda cáustica). Originalmente, o termo era usado para designar um sacrifício consumado por fogo. Em hebraico, o Holocausto é chamado *Shoá* — uma terrível devastação. O vocábulo "genocídio", usado pela primeira vez em 1944, indica a aniquilação intencional de uma etnia e traz nele embutido o objetivo deliberado e inquestionável de exterminar um determinado povo. A Convenção para a Prevenção e Repressão do Crime de Genocídio, documento adotado pela ONU em 1948, define o crime de genocídio como os atos cometidos para destruir um grupo nacional, étnico, racial ou religioso, como tal considerado. O Holocausto ou *Shoá* foi, sem dúvida alguma, um crime de genocídio, perpetrado em concurso com outros crimes. Vale lembrar, com o auxílio do gênio do filósofo e jurista Norberto Bobbio, a diferença fundamental entre a guerra e o genocídio:

> *Entre o horror da guerra e o horror do genocídio, ainda que não houvesse uma diferença de quantidade (mas 6 milhões de mortos são uma quantidade desmesurada), existe uma diferença de natureza: a guerra é a eterna luta do homem contra o homem, conduzida por meios violentos; os homens se tornam lobos famintos que se devoram uns aos outros; a guerra pode também conduzir ao extermínio, mas o seu fim é a vitória, não o extermínio. No genocídio organizado e premeditado, o extermínio é o fim em si mesmo.*[2]

É um desafio entender como a ignomínia do nazismo logrou alcançar o apoio amplamente majoritário do povo alemão, uma sociedade culta e sofisticada, para cujo desenvolvimento os judeus haviam contribuído de forma significativa. Adolf Hitler era um austríaco de nascimento que optara por se alistar no Exército alemão. Era filho de um funcionário

2. Norberto Bobbio, "Quinze anos depois", *Revista USP*, pp. 223-231. "Quinze anos depois" reproduz o discurso proferido por Bobbio na Sinagoga de Turim em 10 de janeiro de 1960.

público de baixa patente. Há evidências históricas de que seu pai era antissemita e de que Hitler entrara em contato com esse ideário na infância e ao longo da juventude. Seu ódio aos judeus continha todos os elementos convencionais, desde o *Judensau*[3] cristão até a teoria pseudocientífica da existência de raças. Mas Hitler ia mais longe em dois aspectos: seu antissemitismo era uma explicação completa do mundo, uma espécie de teoria que, para ele, estaria na raiz de todos os problemas; e ele pregava que os judeus seriam, além de uma ameaça política, uma ameaça biológica.

O mais chocante foi constatar como essas teorias absurdas chegaram a ser acatadas em uma nação tão instruída como a Alemanha. A resposta, provavelmente, reside no fato de Hitler nunca ter encontrado dificuldade para obter apoio de intelectuais às suas concepções. O horror que o Holocausto provoca envolve, além da barbárie, a ausência de uma explicação lógica. Ou ao menos uma das explicações das quais os historiadores se servem para inserir um fato num contexto mais amplo, como os interesses econômicos, o desejo de poder, o prestígio nacional, os conflitos sociais, as lutas de classes, entre outros. "Não conseguir explicar sua razão, em termos dos habituais motivos humanos — disse-o Bobbio — o torna mais medonho."[4]

3. *Judensau* (porca judia) era a imagem artística que expunha judeus em contato obsceno com uma grande porca, animal que, no Judaísmo, é considerado impuro. Ao longo de seiscentos anos, o *Judensau* cristão tornou-se, na Alemanha, uma expressão designativa da forte carga de preconceito do povo alemão em relação aos judeus.

4. Norberto Bobbio, op. cit., p. 220. Ver também artigo de Norberto Bobbio sobre o tema publicado no jornal italiano *La Repubblica*, em 17 de maio de 1990.

Ao fim e ao cabo, 6 milhões de judeus estavam mortos. Quase três mil anos de ódio antissemita de todos os tipos — pagão, cristão e secular, supersticioso e cerebral, popular e acadêmico — foram unidos por Hitler num irresistível objeto de devoção cega que aniquilou a grande massa indefesa da judiaria europeia. Os judeus perceberam que o mundo civilizado não era digno de confiança. Mais que isso, entenderam a necessidade de obter para eles um refúgio permanente e soberano, onde, se necessário, todos os judeus do mundo poderiam encontrar proteção contra seus inimigos. O sonho sionista, lançado por Herzl no fim do século XIX, tornou-se, assim, imperativo.

7. Negacionismo e Holocausto: o antissemitismo de cátedra

O filme *Negação*, uma coprodução britânica e norte-americana lançada em 2016 com direção de Nick Jackson, baseia-se no aclamado livro *History on Trial: My Day in Court with a Holocaust Denier* (2005), que conta a impressionante batalha jurídica travada pela autora, Deborah E. Lipstadt, contra o historiador britânico David Irving, conhecido negador do Holocausto. Mas, ao contrário do que intuitivamente alguém poderia imaginar, foi Irving quem promoveu uma ação de difamação contra Deborah, uma professora de Estudos Judaicos e do Holocausto da Universidade Emory, em Atlanta (EUA). A ação foi promovida perante a Royal Court of Justice, em Londres, porque ela o qualificara de "partidário de Hitler que distorceu evidências para alcançar conclusões historicamente insustentáveis" em outro livro seu, *Denying the Holocaust*, publicado em 1993.

Irving acusou a professora norte-americana de integrar uma conspiração mundial cuja intenção seria desmoralizar a sua reputação acadêmica e impedir a revelação de que o Holocausto teria sido uma espécie de lenda inventada pelos judeus para obterem compensações financeiras e promoverem a causa sionista após o término da Segunda Guerra. A Penguin Books, editora de *Denying the Holocaust*, foi incluída como ré ao lado de Lipstadt no processo, pois Irving também postulou a busca e apreensão de todos os exemplares do livro.

Ao invés de buscar a retratação ou negar o caráter ofensivo da conduta apontada como difamatória, a defesa de Lipstadt optou pela única rota moralmente possível: "a exceção da verdade". Ou seja, as palavras utilizadas por Deborah em seu livro até poderiam ser consideradas ofensivas, mas eram verdadeiras, o que descaracterizaria a difamação. O problema era que, no sistema jurídico britânico, o ônus dessa prova cabe à ré, a quem competiria então demonstrar não apenas que Irving distorcera fatos históricos em suas obras, mas que também o fizera de modo intencional para defender o regime nazista e escamotear as evidências históricas da existência do Holocausto. Assim, ao fim e ao cabo, uma Corte de Justiça acabaria sendo responsável por julgar a própria História, declarando-a oficialmente verdadeira ou ficcional.

Instaurada a ação, alguns sobreviventes do Holocausto manifestaram a intenção de testemunhar perante o tribunal, mas a equipe da defesa entendeu que isso daria a Irving a possibilidade de inquiri-los e levá-los a contradições, já que eles poderiam ser traídos pela memória. Além de idosos, muitos já não se lembrariam de detalhes da vida nos campos de extermínio e do *modus operandi* dos nazistas. Como Irving atuava em causa própria, ele se utilizaria de seus conhecimentos e artimanhas para desacreditar os sobreviventes e torná-los todos réus no processo. Por mais dura que fosse a decisão, a defesa optou pelo silêncio das testemunhas e até de Deborah Lipstadt. O foco ficaria integralmente em Irving, como forma de evidenciar as suas contradições e manipulações. A tese da exceção da verdade transformaria o autor em réu, e a defesa em acusação. O silêncio dos inocentes seria a melhor estratégia para fazer o culpado falar.

A negação do Holocausto se nutre da precariedade de evidências materiais da máquina de extermínio nazista. Os alemães impediram eficazmente os registros fotográficos de suas ações, destruíram a maior parte das câmaras de gás e, mesmo muitos anos depois, ainda procuravam construir versões alternativas dos fatos. Assim, conforme vemos no filme *Negação*, os advogados de defesa e seus assistentes técnicos, cientes do desafio, inspecionam as instalações dos campos de concentração de Auschwitz, no sul da Polônia, com olhar pericial. Eles visitam o que havia restado dos crematórios, porque os edifícios foram destruídos pelos alemães uma semana antes do fim da guerra.

Desenhos de um francês sobrevivente, chamado David Olere, revelam furos no telhado dos prédios pelos quais cristais de Zyklon B, marca registrada de um pesticida, eram jogados sobre os prisioneiros. Segundo alguns negacionistas, como Irving, o Zyklon B era usado para desinfetar roupas de prisioneiros que morriam de tifo, causado pela contaminação por piolhos. Vestígios de cianeto de hidrogênio (manchas azuis) foram retirados das paredes por um historiador chamado Leuchter. Ele sustentava que só piolhos eram mortos, mas, na verdade, seria preciso vinte vezes mais cianeto para matar piolhos do que para matar seres humanos.

Segunda a defesa de Irving, a obra dele não negava o Holocausto, mas isso mudou após o relatório de Leuchter. No tribunal, Irving questionou se os pilares para a passagem do Zyklon B, feitos em desenho, seriam reais. Esses pilares ultrapassariam o teto e formariam quatro colunas, mas, ainda segundo Irving, os especialistas estiveram no telhado e não os encontraram. E ele concluiu, assim, que nunca houve qualquer orifício no telhado, de modo que as cápsulas de cianeto não poderiam ter sido jogadas através dessas colunas. A defesa de Lipstadt pediu então a Irving que explicasse por que as grades levadas em 1945 pelas autoridades polonesas do Necrotério 1 no Crematório 2 estavam cobertas de cianeto (uma foto provava o fato) e por que o arquiteto-chefe do campo, Karl Bischoff, se refere especificamente, no Relatório Leuchter, ao Necrotério 1 como um *vergasungskeller* (isto é, uma câmara de gás).

Irving reconhece que realmente os poloneses encontraram vestígios de cianeto nas grades de ventilação e que a substância fora utilizada para fumigar cadáveres. Essa seria, segundo ele, a razão para o uso da expressão "câmara de gás" — isto é, as instalações seriam meros necrotérios e não máquinas de extermínio humano. Ele afirma que os corpos eram gaseificados porque chegavam infestados com os piolhos portadores do tifo que os tinha vitimado. Ainda no filme, o advogado de Lipstadt indaga então por que os alemães precisavam de uma porta com um visor de vidro duplo de 8mm, ornado com uma grade de metal por dentro, para espiar dentro das câmaras. Se as câmaras de gás eram usadas apenas para cadáveres, qual a razão para serem construídas com portas de alta segurança, típicas de prisões?

Irving tenta se defender dizendo que, nessa época, a Alemanha estava sofrendo bombardeios aéreos da Real Força Aérea Britânica, e que, por isso, os nazistas se preocupavam em construir abrigos antiaéreos. A defesa rebate lembrando que as instalações datavam de 1943, enquanto o primeiro bombardeio ali só aconteceria no fim de 1944. Além disso, acrescenta que os soldados alemães teriam que andar mais de 4 quilômetros até lá e morreriam sob ataque antes de chegar numa câmara no outro extremo de Birkenau. Por fim, os advogados de Lipstadt arrematam: qual o sentido de gaseificar cadáveres que estavam prestes a ser queimados? Nesse momento, Irving fica perplexo e declara que, em relação a alguns detalhes, poderia ter se enganado.

Mesmo numa causa complexa e sobre temas tão delicados, que envolvem fatos históricos relevantes para toda a humanidade, a estratégia dos advogados de defesa faria a diferença. Os erros factuais e os equívocos de interpretação de Irving eram tantos e tão renitentes que o risco seria a aceitação pela opinião pública de que ele era apenas um péssimo historiador ou alguém que acreditava, em boa-fé intelectual, na própria versão da História. Se não ficasse demonstrado o propósito doloso de Irving de falsear a verdade, Lipstadt seria derrotada, já que a sua acusação era de que se tratava de uma manipulação intencional dos fatos.

É aí que o velho advogado de defesa lança mão da esmaecida, porém incrivelmente expressiva, metáfora do garçom que sempre erra na conta contra o cliente. Quem age de boa-fé pode errar, mas, estatisticamente, os erros de boa-fé ora beneficiam o garçom, ora favorecem o cliente. No caso de Irving, todavia, os erros eram sempre favoráveis a Hitler. A intencionalidade de sua conduta como falso historiador ficava evidenciada pela constância tendenciosa de suas interpretações e pela manipulação dos fatos sempre favorável ao Reich.

Um exemplo eloquente levado pela defesa foi uma omissão relevante numa tradução do alemão. O diário do chefe da SS, Heinrich Himmler, registrava cada telefonema que ele próprio dava e recebia. Em 1941, consta que ele ligou do *bunker* de Hitler para Heydrich (braço direito de Hitler) para lhe dar instruções. Após a chamada, escreveu no diário: "Transporte judeu de Berlim sem liquidação." Irving incluiu essa anotação em edição posterior de sua obra dizendo que Hitler telefonou do mesmo lugar para Heydrich com a ordem explícita de que os judeus não deveriam ser liquidados. Irving traduziu erroneamente a caderneta de Himmler para fingir que a ordem teria vindo diretamente de Hitler, o que não era fato. Ademais, a frase se referia a um comboio especial de judeus que viria de Berlim. Irving omite a menção a Berlim, passando a apresentar a frase como uma prova incontestável de que Hitler tentara impedir a liquidação de todos os judeus, e não de um determinado trem transportando judeus, por alguma razão específica.

Historiadores cometem erros, mas há uma diferença entre a imperícia, que é aleatória no seu efeito, e algo deliberado, intencional. Os equívocos sucessivos e sistemáticos de Irving demonstravam que a sua atuação como historiador fora conspurcada por uma intenção clara e inequívoca de reabilitar a imagem de Hitler e do nazismo, ao procurar desacreditar a existência do Holocausto. Ao término dos debates, o juiz faz perguntas desconcertantes para o advogado de defesa: "Seria possível que alguém fosse honesta e sinceramente antissemita? Seria possível que seus pontos de vista e suas opiniões fossem realmente expressão de sua visão de mundo e dos fatos?" No caso de Irving, seria possível admitir que ele era um historiador bem-intencionado e que, portanto, apesar de equivocado, teria sido de fato *difamado* pela professora Deborah Lipstadt?

Em 11 de abril de 2000, a sentença proferida pelo juiz Charles Gray foi tornada pública. Em sua decisão, detalhada em mais de trezentas páginas, o juiz afirma que a falsificação dos registros históricos havia sido deliberada. Irving fora motivado pelo desejo de apresentar acontecimentos de modo consistente e coerente com as próprias crenças ideológicas, ainda que isso envolvesse distorção e manipulação de evidências históricas. Consequentemente, a exceção da verdade foi acolhida e a Corte deliberou em favor dos réus, com a decretação da improcedência da difamação e do recolhimento dos livros postulado por Irving.

Ainda no filme, na entrevista coletiva concedida após o veredito judicial, duas perguntas provocam respostas contundentes de Deborah Lisptadt. A primeira: se ela não considerava o processo uma ameaça à liberdade de expressão. A resposta: se houve ameaça, ela partira de Irving, que usara do estratagema da difamação para tentar intimidá-la e buscar a proibição de seu livro. Já ela, apenas refutara as alegações e apontara os erros e as manipulações do historiador, sem jamais pretender proibir seus livros. A segunda pergunta: se ela teria algo a dizer a David Irving. Ela responde que não, mas, sim, aos sobreviventes e àqueles que perderam a vida no Holocausto: "Vocês foram lembrados; a sua voz foi ouvida."

8. Antissionismo como antissemitismo: o duplo *standard*

Até a refundação do Estado de Israel, em maio de 1948, o mundo para os judeus se dividia em dois: os lugares onde não podiam ficar e os lugares para onde não poderiam ir. Ou seja, era um mundo que condenava os judeus à assimilação ou ao nomadismo global perpétuo. Pior que isso: além da necessidade constante de partir, os judeus não eram protegidos por nenhum Estado e, consequentemente, por nenhum Exército. Consolidou-se, assim, o mito do judeu errante, como se isso fosse uma opção, não uma necessidade premente, envolvida em perdas patrimoniais e dores familiares.

A existência de Israel é um milagre. Ter feito uma língua morta — o hebraico — voltar a ser falada é um fato admirável.[1] Ter feito o deserto florescer com gotículas de água do mar dessalinizada também o é. Ter se tornado uma nação *startup*, com um polo *high tech* de categoria mundial, é outra grande realização. Mas o milagre verdadeiro é Israel ter sido refundado três anos depois de quase todo o povo judeu ter sido dizimado na Segunda Guerra Mundial. Numa comparação aproximada, da mesma forma que o Caso Dreyfus precipitou o surgimento do movimento sionista, no fim do século XIX, o Holocausto colocou uma lente de aumento sobre a necessidade dos judeus de terem um lar nacional. O pleito de autodeterminação do povo judeu tornou-se um dever moral da humanidade.

1. Até mesmo a adoção do hebraico é um elemento utilizado por antissemitas para criticar Israel. O hebraico sempre foi a língua do povo judeu, desde suas origens remotas, sobretudo para fins religiosos. O aramaico foi falado como língua oral por muito tempo, mas nunca com o caráter oficial do hebraico. Israel reuniu, depois de quase dois mil anos, judeus espalhados pelo mundo em diáspora. Era natural que esses judeus tivessem assimilado os idiomas nacionais dos países em que viviam e que desenvolvessem línguas próprias, como o ídiche (na Europa Central e na Oriental) e o ladino (na Península Ibérica). A opção pelo hebraico foi difícil, pois se tratava de uma língua praticamente morta. Por isso, para fomentar a unidade nacional, Israel fez um amplo movimento de alfabetização em hebraico e estimulou a transposição dos nomes de seus novos cidadãos oriundos de outras partes do mundo para o hebraico. O objetivo era alcançar a unidade nacional e a igualdade entre todos os cidadãos. Assim, David Gruen virou David Ben-Gurion; Szymon Perski virou Shimon Peres; Goldie Myerson virou Golda Meir. Outro dia, numa rede social, testemunhei um vídeo claramente antissemita que acusava os líderes de Israel de uma espécie de contrafação de nomes, para fazer crer que seriam originários do Oriente Médio. Não é disso que se trata. A hebraicização dos nomes foi uma política pública implementada para contribuir com a formação de uma identidade nacional, assim como a opção pelo hebraico como língua oficial resultou de uma política de integração nacional.

Sob o ângulo histórico e arqueológico, há amplo consenso sobre a presença contínua dos israelitas na região da Palestina — com ou sem soberania, em maior ou menor número — por um período entre três e quatro milênios. Segundo Israel Finkelstein, arqueólogo da Universidade de Tel Aviv, os assentamentos que vão dar origem às cidades israelitas começaram a aparecer nas montanhas da Palestina em torno de 1200 a.C. O que a arqueologia indica é que o próprio povo de Israel era uma dissidência dos cananeus e que teria se estabelecido em novas vilas nas montanhas por razões ainda não totalmente esclarecidas. Embora o relato bíblico mencione um êxodo em massa de israelitas saídos do Egito, não há evidências arqueológicas disso. Portanto, a hipótese mais provável é a de que um pequeno grupo de fugitivos hebreus do Egito tenha se juntado aos que já estavam na Palestina, dando origem ao que se tornaria Israel. Ou seja, ainda que o Êxodo, tal qual narrado na Torá, seja apenas um mito fundacional, o fato é que isso apenas reforça a tese de que os israelitas são o povo originário da Palestina.

Se antes da partilha da Palestina — decretada pela ONU em novembro de 1947 — havia alguma controvérsia entre os judeus sobre o projeto sionista, hoje a amplíssima maioria deles é favorável à existência do Estado de Israel. A diversidade de opiniões é mais que admitida, o que pode até ser considerado uma marca identitária judaica. Entre os poucos judeus antissionistas de hoje, destacam-se dois grupos: alguns ultraortodoxos, para os quais o retorno a Israel só poderá se dar na Era Messiânica; e alguns judeus seculares, isto é, não religiosos, situados numa posição bem à esquerda do espectro político. Nesse último caso, as razões do dissídio variam um pouco: alguns consideram que a solução justa seria um Estado único binacional; outros, simplesmente, rejeitam o projeto nacional judaico como algo positivo para o Judaísmo. À parte a interpretação do dogma religioso, as demais questões dizem respeito a temas ponderáveis, relativos à conveniência, viabilidade, riscos e efeitos de longo prazo da criação do Estado de Israel. Esse tipo de antissionismo não é essencialmente antissemita. Respeito essas opiniões, hoje amplamente minoritárias, embora discorde delas.

Há, contudo, um espectro antissionista com indisfarçável viés antissemita — consciente ou não — no qual entendo estar embutido um antissemitismo estrutural. Negar o direito de existência a Israel como um Estado nacional judaico, expressão da autodeterminação do povo judeu, é um indício sério de antissemitismo. O princípio da autodeterminação dos povos foi explicitamente reconhecido pela Carta das Nações Unidas, em seu artigo 1º, número 2, e nos artigos 55, 73, alínea b, e 76, alínea b. Ademais, também foi consagrado nas convenções internacionais sobre direitos civis e políticos e sobre direitos econômicos, sociais e culturais. É a autodeterminação que assegura a cada povo o direito de escolher livremente o próprio destino político, econômico, social e cultural. Todas as Constituições democráticas do mundo o proclamam. A Constituição de 1988 estabelece, em seu art. 4º, incisos III e V, que o Brasil, em suas relações internacionais, rege-se pelos princípios da autodeterminação dos povos e da igualdade entre os Estados. Israel tem o direito a ter a sua soberania respeitada pelo Brasil, em condição de igualdade com todos os demais Estados no concerto das nações. O tratamento discriminatório é odioso e injustificável.

O movimento sionista internacional, inaugurado na Basileia em 1897, teve como móvel a concretização desses princípios em relação ao povo judeu. Depois de sucessivos períodos sob o domínio de impérios coloniais, o processo de descolonização do Oriente Médio deveria culminar com a devolução do território e da soberania a um povo originário que se manteve no exílio por quase dois mil anos. Vários Estados árabes foram criados com traçado artificial de fronteiras, sem qualquer raiz histórica que as justificasse, enquanto Israel teve seu território definido por uma investigação histórica qualificada e profunda. O Brasil exerceu protagonismo na Assembleia Geral da ONU que, presidida pelo diplomata brasileiro Oswaldo Aranha,[2] determinou a partilha da Palestina entre dois Estados — um árabe e outro judeu. À luz do direito internacional e do direito interno brasileiro, não há como negar a Israel o direito à existência como um Estado nacional soberano judaico. Para o governo brasileiro, negar esse direito configuraria um grave ilícito internacional e, ao mesmo tempo, uma ação inconstitucional. Para os cidadãos em geral, a depender do contexto, das circunstâncias e da intenção, podemos estar diante de uma manifestação de cunho antissemita.

Mesmo quando o direito à existência do Estado de Israel é reconhecido, existem questionamentos em relação à justiça

2. Oswaldo Aranha é nome de praça em Jerusalém e de uma rua em Tel Aviv. Seu empenho na criação do Estado de Israel, como representante brasileiro na ONU, rendeu-lhe uma indicação ao Prêmio Nobel da Paz em 1948.

da partilha prevista na Resolução nº 181/1947 da ONU e também quanto à sua legitimidade política. Sobre o primeiro ponto, um argumento comum parte de um critério quantitativo na divisão das terras: 47% delas foram destinadas aos árabes palestinos, enquanto 53% aos judeus, embora, em 1946, a população árabe de toda a Palestina britânica fosse de 1,237 milhão, enquanto a de judeus fosse de 608 mil.[3] O argumento revela-se enganoso quando analisado sob quatro aspectos, conforme listo a seguir.

Primeiro: no território proposto para Israel, a propriedade das terras já era majoritariamente de judeus, e no território proposto para o Estado árabe, a maioria das terras já pertencia aos árabes. Isso demonstra que o critério tinha um componente que procurava respeitar, de forma mais ou menos proporcional, o direito de propriedade da população local.

Segundo: no território destinado a Israel, havia 55% de judeus (498 mil) e 45% de árabes (407 mil); já na área destinada aos palestinos, havia 98% de árabes, e só 2% de judeus. Ou seja, embora a área de Israel fosse um pouco maior, seu território continha uma presença proporcional de árabes muito mais significativa do que a presença judaica no território reservado aos palestinos. Em outras palavras, Israel precisaria realmente ser um pouco maior para abrigar o grande contingente de população árabe com o qual os judeus dividiriam o território. Já no Estado Palestino, a presença de judeus era irrisória. Apesar de um pouco menor em extensão, quase toda a população era formada por árabes.

3. Os números aqui mencionados e a seguir reproduzem dados divulgados pela ONU.

Terceiro: os judeus nunca tiveram oportunidade de ser maioria na Palestina durante o mandato britânico devido à política restritiva do Reino Unido quanto à sua entrada na região. Já a população árabe, que declinava antes do mandato, teve um acréscimo na Palestina de centenas de milhares de imigrantes saídos de países vizinhos, atraídos pelos empreendimentos britânicos e judaicos na região.

Quarto: cerca de 62% do território destinado a Israel é ocupado pelo deserto de Neguev, enquanto o deserto da Judeia representa não mais do que 20% da Cisjordânia, território reservado aos palestinos, ao lado da Faixa de Gaza. Por certo, esse tipo de consideração, combinado com os três pontos anteriores, relativiza o argumento da desproporção na divisão das terras na partilha da Palestina.

Resta agora examinar o argumento de pura e simples ilegitimidade da partilha. Não é raro ouvir-se que Israel expropriou as terras dos palestinos mediante uso de força. Em primeiro lugar, as disputas territoriais entre árabes e judeus na Palestina, mesmo quando considerada apenas a Era Moderna, data de muitas décadas antes da partilha. Em segundo lugar, a criação de novos Estados mediante a partilha de territórios era algo incrivelmente comum na época. Egito, Jordânia, Síria e Líbano — vizinhos árabes de Israel — foram criados por potências coloniais europeias no século XX. Aliás, quando se criou o Paquistão, por desmembramento da Índia (antiga colônia britânica) para atender ao direito de autodeterminação da população muçulmana existente na região, todos os Estados árabes concordaram com a decisão. Em terceiro lugar, os judeus foram obrigados a deixar terras nos países árabes vizinhos a Israel que somam uma área aproximada de 120 mil km^2 — quatro vezes a área total do Estado de Israel. Os árabes acabaram no controle de 13 milhões km^2, em vinte e dois Estados da região, mas não puderam aceitar que Israel ocupasse ¼ (um quarto) de 1% do Oriente Médio. Por não aceitarem a partilha da Palestina, os Estados árabes se uniram numa guerra contra a independência do nascente Estado Judeu.

O derradeiro argumento refere-se à questão de quem seria o verdadeiro "dono" da Palestina. Os árabes colocam ênfase no argumento de que os judeus teriam chegado por último na região, e por isso acusam os israelenses de expropriação. Mas, se o argumento cronológico da cadeia dominial faz algum sentido, a pergunta certa não seria sobre quem chegou por último, e sim sobre quem chegou primeiro. Afinal, se a Palestina esteve sob domínio de impérios coloniais diversos ao longo da História, não seria o caso de se perquirir sobre o proprietário original — o povo originário — que sofreu a verdadeira expropriação? Na minha visão, judeus e palestinos têm raízes históricas na região e a partilha do território em dois Estados soberanos é a única solução que atende ao direito de autodeterminação de ambos os povos.

Em outra vertente, cumpre lembrar que Israel é a única democracia em pleno funcionamento no Oriente Médio, não havendo sentido em pretender-se responsabilizar toda a sua população por decisões pontuais de seu governo. Como dizia o jurista Harold Koh, respeitado internacionalista de Yale, não se pode tomar um povo por seus governantes. A culpa coletiva é sempre injusta. Como em qualquer democracia, há inúmeros israelenses contrários às políticas adotadas por Benjamin Netanyahu, primeiro-ministro do Estado de Israel desde dezembro de 2022, em relação ao conflito em Gaza, iniciado em 7 de outubro de 2023. Os protestos nas ruas de Israel contra o governo o demonstram de forma cabal. O mesmo eu diria de alguém que pretendesse culpar todos os brasileiros por medidas desastradas dos governos Jair Bolsonaro ou Lula.

Na mesma toada, os judeus em diáspora não são responsáveis pelas decisões de um Estado soberano. Xingar, vaiar ou lançar mão de qualquer atitude que oprima cidadãos brasileiros judeus revela desinformação e preconceito por parte dos ofensores. Fatos equivalentes a esses — igualmente condenáveis — são as perseguições e as discriminações contra membros do Islã por atitudes de Estados muçulmanos, igualmente soberanos. A *islamofobia* guarda, por óbvio, notória semelhança com o antissemitismo, enquadrando-se, no Brasil, nos mesmos tipos penais dos crimes de racismo e antissemitismo.

Conforme já assinalado, também não faz sentido atribuir eventuais decisões do governo de Israel a características naturais e específicas dos judeus. Se antes o preconceito atuava no plano das relações interpessoais e sociais, hoje é elevado ao concerto das nações. Um julgamento diferenciado e mais severo direcionado a Israel, como se se tratasse de um Estado intrinsecamente cruel ou injusto, é um claro indício de antissemitismo. A crítica política é livre e assim deve permanecer em qualquer democracia. Mas o duplo critério, que ignora diferenças, propala falsas equivalências e enfatiza apenas erros de um único país, revela dois pesos e duas medidas. Esse tipo de discriminação odiosa contra o Estado de Israel acaba resvalando também para o tratamento dispensado ao povo israelense e a cidadãos judeus de outros países. Vale aqui a máxima aristotélica: igualdade é tratar igualmente os iguais e desigualmente os desiguais, na justa proporção da desigualdade.

Como já registrei, a menção a Israel como um braço do imperialismo norte-americano no Oriente Médio é, no mínimo, um reducionismo na análise da geopolítica global. Os Estados Unidos têm alianças com países tanto de maioria cristã quanto de maioria muçulmana. Mesmo no Oriente Médio, vários Estados árabes mantêm relações de proximidade ou alianças estratégicas com os Estados Unidos. A comunidade judaica norte-americana exerce o seu *lobby* em favor de Israel dentro das leis norte-americanas. Outras comunidades de imigrantes também o fazem, na medida de suas possibilidades, mas ninguém é xingado de *porco sionista* por isso. O nome disso é antissemitismo.

Como inúmeros outros países, Israel lida com questões de segurança na sua vizinhança, por estar cercado de Estados que não reconhecem a sua existência ou, como o Irã, têm como objetivo declarado eliminá-lo. O convívio cotidiano com grupos terroristas fortemente armados também desafia as Forças de Defesa israelenses e sua prevalência militar nos conflitos armados tem provocado reações da imprensa internacional e protestos externos e internos. Seja como for, equívocos diplomáticos, ações militares desproporcionais e políticas territoriais expansionistas devem ser criticadas com as mesmas métricas e razões usadas para todos os demais Estados soberanos. Como já dito aqui, Israel não é melhor, mas tampouco é pior do que qualquer outro Estado nacional. Afinal, Israel pode errar e ser criticado por isso. Para dar o exemplo, eu mesmo farei críticas, no tópico 4 do Capítulo II, desprovidas de qualquer vestígio antissemita.

9. Para todos os gostos: antissemitismo de direita e de esquerda

Desde que as noções de direita e esquerda se consolidaram na Modernidade, a partir da Revolução Francesa, o antissemitismo tem frequentado o cardápio de ambos os lados do espectro político. Nessa matéria, como em algumas outras, os extremos realmente se tocam e compartilham a mesma falha cognitiva. A questão mais difícil reside em entender o porquê.

Como ensina a filósofa Eve Garrard, o antissemitismo não tem como ser compreendido apenas como erro cognitivo, já que existe uma espécie de cegueira deliberada para os esclarecimentos que provam a falsidade dessa concepção. A reincidência nas falácias que servem de móvel aos antissemitas tem a ver com um *deleite emocional* que oferece conforto em tempos de acirradas polarizações. Atacar os judeus ou o que se percebe como *proxies* judaicos,[1] como o Estado de Israel ou determinadas organizações judaicas, dá ao agressor uma sensação de elevação moral, distinção simbólica e pertencimento ideológico.[2] O prazer do ódio — nunca assumido, é claro — ganha uma absolvição cômoda no perfeccionismo moral dos que apontam o dedo fazendo acusações simplistas e infundadas. A comparação, por exemplo, dos erros da política externa israelense no atual conflito em Gaza com o Holocausto — que é injusta e descabida — entra nessa equação.

O fascismo, em algumas de suas vertentes, abraçou o antissemitismo com gosto, fazendo das comunidades judaicas espalhadas pelo mundo alvo preferencial da sua plataforma ideológica. O império russo czarista foi terreno fértil para a existência dos *pogroms* e o aparecimento dos *Protocolos dos Sábios de Sião*, em 1905, um documento apócrifo forjado para simular uma espécie de conspiração judaica internacional destinada a controlar o mundo.[3] Não obstante sua reconhecida falsidade, os *Protocolos* foram traduzidos para vários idiomas e divulgados em diversos países, aí incluídos a Alemanha e o Brasil. Ainda hoje essa notícia fraudulenta (ou *fake news*) circula livremente pelas redes sociais, angariando adeptos desinformados e estimulando uma hostilidade gratuita contra os judeus.

1. *Proxies* judaicos: instituições judaicas, públicas ou privadas, percebidas como representativas de todo o povo judeu.

2. Eve Garrard, "The Pleasures of Antisemitism", revista *Fathom*.

3. Por décadas a autoria dos *Protocolos dos Sábios de Sião* permaneceu desconhecida. Ainda hoje é controvertida. Talvez a corrente histórica mais autorizada seja aquela que atribui a sua autoria a um certo Mathieu Golovinsky, cidadão russo que se exilou na França a serviço do czar Nicolau II.

O regime nacional-socialista alemão se utilizou larga e vergonhosamente dos *Protocolos*, associando os judeus alemães, de maneira contraditória, ora ao perigo comunista, ora aos banqueiros, industriais e comerciantes. Em seu livro, *Mein Kampf* (Minha luta), Adolf Hitler expõe as suas convicções sobre a supremacia racial ariana e credita aos judeus todos os males da Alemanha da época, desde a crise econômica (pela suposta exploração por parte dos empresários judeus) ao risco de uma revolução bolchevique (também atribuído aos comunistas judeus). O nacionalismo alemão sob Hitler execrou seus inimigos públicos com as armas da propaganda política, que incitava o ódio a todos os que não fossem arianos puros, numa postura que lembra as campanhas contra imigrantes promovidas por alguns governos europeus e pela segunda administração Donald Trump, nos Estados Unidos, iniciada em 25 de janeiro de 2025.

No Brasil, na década de 1930, a Ação Integralista Brasileira, liderada pelo escritor e político conservador Plínio Salgado, foi uma das frentes de propagação do fascismo entre nós. Gustavo Barroso foi o intelectual e político brasileiro que ocupou posição de destaque na cruzada antissemita que ecoava aqui a influência do nazismo. Barroso chegou a ser eleito deputado estadual no Ceará e por duas vezes exerceu a presidência da Academia Brasileira de Letras (ABL). Coube a ele a tradução dos *Protocolos* para o português e a produção de uma extensa obra marcada por doentia obsessão antissemita. Em seu conhecido livro *História secreta do Brasil*, publicado pela primeira vez em 1937, ele atribui aos judeus quase todos os males da humanidade:

Todo esse plano, em todas as nações, foi cuidadosamente e lentamente executado pelo Judaísmo, raramente a descoberto e sempre embuçado nas sociedades secretas. Judaísmo e maçonaria criaram um meio social propício à guerra do que está em baixo contra o que se acha por cima, desmoralizando e materializando a humanidade pelo capitalismo mamónico, dividindo-a e enfraquecendo-a intimamente pela democracia, separando-a e tornando-a agressiva pelo exagero dos nacionalismos, dissolvendo-a e descaracterizando-a pelo cosmopolitismo, encolerizando-a pelas crises econômicas e enlouquecendo-a com o comunismo.[4] (Transcrição mantida conforme o original.)

O governo de Getúlio Vargas (1930-1945) adotou inúmeras medidas hostis à entrada no país de judeus refugiados durante a Segunda Guerra e flertou com o Eixo, antes de o Brasil ingressar no conflito ao lado dos Aliados, com o envio efetivo de tropas, mas apenas em 1944. O episódio da extradição para a Alemanha de Olga Benário, casada com o líder comunista Luís Carlos Prestes, costuma ser mencionado como caso exemplar da hostilidade de Vargas para com os judeus. Olga era cidadã alemã e judia, militante comunista. Quando foi entregue aos nazistas, em 1936, estava grávida de sete meses. Foi torturada e morta em uma câmara de gás, aos trinta e quatro anos, depois do nascimento da filha, Anita Leocádia. O pretexto do discurso anticomunista não esconde a animosidade do ditador gaúcho contra os judeus e o agrado feito ao Terceiro Reich com a extradição de uma judia alemã, considerada inimiga do regime nacional-socialista.

4. Gustavo Barroso, *História secreta do Brasil*, p. 14.

O próprio Supremo Tribunal Federal *lavou as mãos* à época, ao não admitir um *habeas corpus* impetrado em favor de Olga Benário que pretendia impedir a sua extradição.

Engana-se quem pensa que esses sejam fatos de um passado longínquo e já superado. No Brasil, durante o governo de Jair Bolsonaro (2019-2022), o então secretário nacional de Cultura, Roberto Alvim, reproduziu, em cadeia nacional, um discurso do ministro da Propaganda do regime nazista, Joseph Goebbels, tendo como fundo musical uma composição de Richard Wagner, notório antissemita e compositor favorito de Hitler. Outro episódio da época, nessa mesma toada, foi a calorosa recepção oferecida por Bolsonaro à deputada Beatrix von Storch, importante liderança do partido de extrema-direita Alternativa para a Alemanha (AfD), com notória inspiração no nacional-socialismo. Ao comentar a visita da parlamentar, a Confederação Israelita do Brasil e o Museu do Holocausto lembraram, em nota, que Von Storch é neta de Lutz Graf Schwerin von Krosigk, que foi ministro das Finanças de Hitler por doze anos, afirmando que a AfD apresenta "tendências racistas, sexistas, islamofóbicas, antissemitas, xenófobas e forte discurso anti-imigração".[5] Além disso, a AfD minimiza a gravidade do Holocausto e das atrocidades nazistas.

A esquerda, por seu turno, tem também uma relação longeva e intensa com o antissemitismo. Para ser preciso, Karl Marx, alemão de ascendência judaica, escreveu um

5. "Judeus criticam encontro entre Bolsonaro e deputada alemã", Política / Brasil, 27 jul. 2021. Disponível em: <https://www.dw.com/pt-br/institui%C3%A7%C3%B5es-judaicas-criticam-encontro-de-bolsonaro-com-deputada-da-ultradireita-alem%C3%A3/a-58656640>. Acesso em: 31 ago. 2025.

estudo chamado *A questão judaica*, no qual defende que a identidade judaica seria incompatível com a lealdade à causa da emancipação da humanidade. Marx se inscreve numa tradição de antissemitas inaugurada por Voltaire que teve notável seguimento em Nietzsche. Em geral, os antissemitas odeiam os judeus por eles terem rejeitado o Cristianismo. Já Voltaire, Marx e Nietzsche os odiavam por eles terem inventado o Cristianismo. Veja-se o que Marx diz, no final do seu mencionado estudo:

> *O Cristianismo é o pensamento sublime do Judaísmo, assim como o Judaísmo é a aplicação prática vulgar do Cristianismo. Porém, essa aplicação só poderia chegar a ser geral quando o Cristianismo, como religião acabada, levasse a termo, teoricamente, a autoalienação do homem de si mesmo e da natureza. Só então pôde o Judaísmo impor seu império geral e alienar o homem alienado e a natureza alienada, convertê-los em coisas venais, em objetos entregues à sujeição da necessidade egoísta, à negociação e à usura.*
>
> *O egoísmo cristão da bem-aventurança se transforma, necessariamente, em sua prática acabada, no egoísmo concreto do judeu, a necessidade celestial na Terra, o subjetivismo na utilidade própria. Não explicamos a tenacidade do judeu a partir da religião, mas do fundamento humano de sua religião, da necessidade prática, do egoísmo.*
>
> *O judeu se tornará impossível tão logo a sociedade consiga acabar com a essência empírica do Judaísmo, com a usura e suas premissas. O judeu será impossível porque sua consciência carecerá de objeto, porque a base subjetiva do Judaísmo, a necessidade prática, se terá*

humanizado, porque se terá superado o conflito entre a existência individual-sensível e a existência genérica do homem. A emancipação social do judeu é a emancipação da sociedade do Judaísmo.[6]

O que Marx está a dizer, com todas as letras, é que a existência do Judaísmo — e consequentemente dos judeus — é incompatível com a existência de uma sociedade livre e igualitária. Ecos desse tipo de pregação, divorciados de qualquer conexão com a realidade, são sentidos até hoje no pensamento da esquerda. Entretanto, a União Soviética foi o primeiro país a reconhecer a independência de Israel e a antiga Tchecoslováquia, autorizada por Josef Stalin, foi o principal país a fornecer material bélico e equipamentos de defesa a Israel durante a Guerra de Independência (1948-1949). Uma significativa parte das lideranças do movimento sionista que levou à proclamação da independência era de esquerda, e Israel nasceu sob a promessa de se tornar um país inclusivo e igualitário. Os sistemas de saúde e educação israelenses são públicos e os *kibutzim* (fazendas coletivistas) são inspirados no modelo soviético. Com o tempo, porém, a União Soviética e os países do bloco comunista passariam a fazer forte oposição a Israel.

A Guerra dos Seis Dias, em 1967, costuma ser apontada como o marco temporal da virada, embora o processo de afastamento já estivesse em curso. A Guerra Fria e o alinhamento de Israel com os Estados Unidos é que seriam as suas principais causas. O sionismo passou a ser tratado nos

6. Karl Marx, *A questão judaica*.

meios intelectuais russos como inimigo do regime, e Israel como braço do imperialismo norte-americano no Oriente Médio. Os velhos estereótipos do período czarista foram reavivados e robustecidos pela polarização ideológica do mundo. Em 1975, como resultado de um movimento orquestrado pela União Soviética e por países do bloco comunista, a ONU aprovou uma resolução que classificava o sionismo como uma forma de racismo. Estranhamente, o Brasil, cujo presidente era o general Ernesto Geisel (1974-1979), votou a favor dessa resolução. Como já visto, somente nos anos 1990 essa resolução seria revogada, com o reconhecimento de que o sionismo é um movimento legítimo orientado a concretizar o direito à autodeterminação do povo judeu.

Com o conflito em Gaza, deflagrado pelos ataques terroristas promovidos pelo Hamas em 7 de outubro de 2023, houve um recrudescimento do antissemitismo em governos e partidos de esquerda mundo afora. Não se trata, por evidente, de considerar as críticas legítimas ao governo de Benjamin Netanyahu como manifestações antissemitas. A essa distinção serão dedicadas as seções seguintes deste livro, inclusive com exemplos concretos. Mas a postura de tratamento discriminatório (ou duplo *standard*) a Israel, quando comparada ao tratamento dado a outros países, revela um viés antissemita presente em parte da esquerda.

No terceiro governo do presidente Lula, alguns de seus próceres têm adotado posições que considero antissemitas. A hesitação inicial em classificar os ataques do Hamas como um atentado terrorista e em condenar de forma veemente a carnificina de bebês, crianças, jovens, mulheres (inclusive grávidas) e demais civis inocentes foi constrangedora. Vale lembrar que este foi o pior ataque a judeus desde o Holocausto. Superada essa dificuldade, a anódina posição em relação à libertação dos reféns israelenses — tratados em condições bárbaras — e a imediata condenação da contraofensiva de Israel foram indícios de uma postura parcial do governo brasileiro. Qualquer país atacado tem o direito de se defender e contra-atacar o autor das agressões, segundo o direito internacional. As perdas civis devem ser evitadas sempre que possível, embora por vezes sejam inevitáveis num cenário de guerra. A situação se agravaria muito tempo depois para uma crise humanitária, mas naquele momento ainda não.

Nada justifica, senão um populismo exacerbado, que o presidente do Brasil, àquela altura, comparasse a ação das Forças de Defesa de Israel ao que houve no Holocausto. Os nazistas mataram 6 milhões de judeus, sendo 4 milhões entre 1942 e 1945 — nada na História contemporânea se aproxima disso.[7] Tampouco o presidente do Brasil poderia ter equiparado a ação terrorista do Hamas à contraofensiva israelense. Outro exemplo de duplo critério foi a calorosa recepção dada por ele aos brasileiros de origem palestina

7. Esse tipo de argumento retórico costuma ser designado pela expressão "falácia das falsas equivalências". Seu mecanismo consiste na comparação de situações essencialmente diferentes, que representam grandezas incomensuráveis, para equipará-las artificialmente, implicando alguma imputação injusta e inadequada. Comparar a atuação militar de Israel no Oriente Médio ao Holocausto implica equiparar a democracia israelense ao nazismo, uma evidente falsa equivalência.

resgatados de Gaza pela Força Aérea Brasileira, destoando da indiferença dispensada pelas autoridades do país aos judeus brasileiros trazidos de Israel. O resgate dos dois grupos foi, evidentemente, necessário e justo, mas o tratamento discriminatório me pareceu odioso.

Ainda: a determinação da saída do Brasil da Aliança Internacional para a Memória do Holocausto (IHRA, na sigla em inglês) foi uma demonstração simbólica da posição antissemita do governo do presidente Lula. Primeiro, porque a preservação da memória coletiva quanto à gravidade do Holocausto não deve ser condicionada a quaisquer críticas que governos possam fazer ao governo de Israel. Segundo, porque o combate ao antissemitismo — razão principal da existência da IHRA — também nada tem a ver com eventuais erros ou excessos cometidos por Israel num conflito armado. Terceiro, porque a Constituição de 1988 estabelece, como objetivos fundamentais da República Federativa do Brasil, o combate a todas as formas de discriminação, o que inclui o antissemitismo, como já reconheceu o Supremo Tribunal Federal. Quarto, porque, como tento demonstrar, as definições de antissemitismo da IHRA não são vinculantes para seus membros, funcionando como fontes informativas que dialogam com o direito interno de cada país, de acordo com suas próprias opções legislativas. Quinto, a ausência de uma motivação expressa e clara por parte do Itamaraty revela uma decisão arbitrária, desprovida de fundamento legítimo no plano do direito interno e internacional, inspirada, provavelmente, em razões subalternas de vindita política.

O que isso tem a ver com antissemitismo? Uma ação de Estado — num Estado democrático de direito, não numa autocracia — deve pautar-se pela razão pública. A democracia, como diria Bobbio, é o governo do interesse público, articulado em público. Nesse caso, com o devido respeito, não há interesse público. Apenas desprezo a uma minoria — os judeus. Possivelmente porque, para as autoridades em questão, eles não importam.

PARTE II

LIBERDADE DE EXPRESSÃO E ANTISSEMITISMO: EM BUSCA DA FRONTEIRA

1. A LIBERDADE DE EXPRESSÃO COMO EXPRESSÃO DA LIBERDADE

A liberdade de expressão pode ser compreendida a partir da análise de suas duas dimensões: substantiva (ou moral) e democrática (ou instrumental).[1] Sob o prisma substantivo, a liberdade de expressão "é um bem em si, é um aspecto da autorrealização do homem (*self-fulfillment*), essencial ao pleno desenvolvimento de sua personalidade".[2] Nessa linha, possui um valor imanente,[3]

1. Ver: Gustavo Binenbojm, "Meios de comunicação de massa, pluralismo e democracia deliberativa", p. 364. Já o jurista Edilsom Pereira Farias, fala em perspectiva subjetiva e em perspectiva objetiva em: *Liberdade de expressão e comunicação*, pp. 63-74.

2. Simone Schreiber, "Liberdade de expressão", em: Luís Roberto Barroso (org.), *A reconstrução democrática do Direito Público no Brasil*, p. 229.

3. Aqui, a liberdade de expressão se apresenta como aspecto da chamada "liberdade dos modernos" — para usar uma expressão de Benjamin Constant, filó-

enquanto desdobramento da própria dignidade humana (art. 1º, III, da Constituição da República Federativa do Brasil — CRFB). Cada indivíduo, para a realização de sua personalidade, tem o direito de exprimir e divulgar suas concepções de mundo, suas visões estéticas e políticas etc. A ideia de comunicar-se é inerente à condição humana, sendo a imposição do silêncio uma violência à dignidade das pessoas.[4]

Já sob a perspectiva democrática, a liberdade de expressão desponta como instrumento necessário ao exercício do autogoverno e à consecução de outros objetivos importantes para a sociedade.[5] A liberdade de expressão é relevante, por exemplo, para a autodeterminação coletiva, o controle e a fiscalização das instâncias de poder, o incremento da *accountability* ou da responsabilização política e eleitoral do agente e a manutenção de ambientes de livre discussão. Nesse sentido, a livre manifestação do pensamento é também fundamental porque, por seu intermédio, é mais provável que se chegue a consensos legítimos sobre o que é justo, que se corrijam erros ou, ainda, que se produzam boas políticas.[6]

---

sofo dos séculos XVIII e XIX —, vista então como emanação da personalidade individual a ser defendida da intervenção estatal. Isto é: trata-se de um direito subjetivo fundamental por excelência, a ser tutelado ainda que em detrimento do bem-estar da coletividade.

4. Daniel Sarmento, "A liberdade de expressão e o problema do 'Hate Speech'", em: *Livres e iguais*, p. 242.

5. Ver, a propósito: Cass R. Sunstein, *Democracy and the Problem of Free Spreech*; Frank Michelman, "Relações entre democracia e liberdade de expressão", em: Ingo Wolfgang Sarlet (org.), *Direitos fundamentais, informática e comunicação*, pp. 49ss; e Owen Fiss, *A ironia da liberdade de expressão*.

6. Parafraseando James Madison, presidente dos Estados Unidos entre 1809 e

Sob esse enfoque, assumem especial importância a *liberdade de imprensa, o direito à informação*, o *princípio do pluralismo* e da *participação social* e a noção de *cidadania*. A ideia é permitir que os cidadãos sejam livremente informados sobre os assuntos de interesse geral e, desse modo, estejam aptos a formar, por iniciativa própria, suas convicções individuais, que também podem ser compartilhadas em ambientes de debate.[7] Tal forma de compreender a liberdade de expressão desempenha papel de destaque nas teorias contemporâneas sobre democracia deliberativa.[8]

Essas duas dimensões — a substantiva e a instrumental — da liberdade de expressão, embora diferentes, são faces da mesma moeda, convivendo, no mais das vezes, de forma complementar, na busca da realização dos ideais de liberdade e de democracia. O direito à informação, por exemplo, exibe tanto um viés substantivo, como direito subjetivo de cada cidadão à informação verdadeira, quanto uma dimensão democrática, já que o acesso à informação é elemento essencial para a criação de um ambiente propício à delibe-

---

1817, a liberdade de expressão ajuda a proteger o poder do povo de governar a si mesmo (apud Jon B. Gould, *Speak No Evil*, pp. 45-46).

7. Usando mais uma vez a dicotomia vislumbrada por Benjamin Constant (ver nota 3), essa dimensão se aproxima da chamada "liberdade dos antigos", identificada com a cidadania participativa ativa do cidadão nos negócios da pólis.

8. Como sintetizado pelo advogado Paulo Murillo Calazans, a liberdade de expressão, sob tal ponto de vista, visa à "construção de um *ethos* argumentativo-deliberativo, propiciando a realização do processo coletivo do debate público e da tomada de decisões com apoio em grandes discussões extensíveis a todos os cidadãos". Cf. Paulo Murillo Calazans, "A liberdade de expressão como expressão da liberdade", em: José Ribas Vieira (org.), *Temas de constitucionalismo e democracia*, p. 74.

ração.[9] De igual modo, a liberdade de expressão é tanto um direito subjetivo à livre manifestação do pensamento, como também uma norma objetiva voltada para a construção de instituições livres e aptas ao debate de visões de mundo — por exemplo, a imprensa, o teatro, o cinema, a universidade, ou mesmo provedores de aplicações — que darão dimensão transindividual ao direito fundamental.[10]

Como já se infere, a Constituição de 1988 tutela ambas as dimensões da liberdade de expressão,[11] conferindo-lhes posi-

9. Para o filósofo e jurista Ronald Dworkin, uma democracia coparticipativa se caracteriza por três fundamentos: (i) soberania popular: só há democracia se o povo governa a si próprio; (ii) igualdade de cidadania: apesar de coletivamente soberanos, os cidadãos, individualmente, participam das disputas que são julgadas coletivamente, por isso precisam ser iguais; e (iii) discurso democrático: a ação coletiva exige interação entre os cidadãos. Nas palavras do autor, "se o povo pretende governar coletivamente, de maneira que torne cada cidadão um parceiro da empreitada política, deve deliberar como indivíduos antes de agir coletivamente, e a deliberação deve concentrar-se nos motivos a favor e contra essa ação". Cf. Ronald Dworkin, *A virtude soberana*, p. 512.

10. Na lição do jurista Konrad Hesse, a liberdade de expressão possui um caráter duplo e complementar, como direito subjetivo e como prescrição constitutiva da ordem democrática fundamental. Cf. Konrad Hesse, *Elementos de Direito Constitucional da República Federal da Alemanha*, pp. 302-303.

11. O Supremo Tribunal Federal (STF) já reconheceu tanto a dimensão instrumental quanto a dimensão substantiva da liberdade de expressão (v. STF, ADI nº 4.650, rel. min. Luiz Fux, pleno, j. em 17/09/2015, DJe de 24/02/2016; RE nº 685.493-RG, rel. min. Marco Aurélio, pleno, j. em 22/05/2020, DJe de 14/08/2020; ADI nº 4.923, rel. min. Luiz Fux, pleno, j. em 08/11/2017, DJe de 05/04/2018; ADI nº 4.451, rel. min. Alexandre de Moraes, pleno, j. 21/06/2018, DJe de 06/03/2019; ADPF nº 130, rel. min. Ayres Britto, pleno, j. em 30/04/2009, DJe de 06/11/2009). Conforme explica o professor de Direito Oscar Vilhena Vieira: "Nossa Constituição (...) buscou conciliar dois conceitos fundamentais de liberdade. O emprego da expressão 'Estado Democrático de Direito' não é

ção de destaque.[12] O constituinte criou um sistema robusto de proteção dessa liberdade, que se desdobra em direitos substantivos e procedimentais, enquanto elementos-chave da democracia constitucional brasileira. Assim é que a Carta Maior tutela: a livre manifestação do pensamento em todos os seus desdobramentos, inclusive artísticos, científicos, religiosos e políticos (art. 5º, IV, VI e IX); o direito de resposta (art. 5º, V); a liberdade de consciência e de crença (art. 5º, VI); o amplo acesso à informação, com as garantias que lhe são inerentes (art. 5º, XIV, XXXIII e LVII); a liberdade de aprender, ensinar, pesquisar e divulgar o pensamento, a arte e o saber, como princípio reitor do ensino (art. 206, II); a livre manifestação do pensamento, a criação, a expressão e a informação, sob qualquer forma, processo ou veículo (art. 220); a plena liberdade de informação jornalística em qualquer veículo de comunicação social (art. 220, §1º); e veda, ao mesmo tempo, toda e qualquer censura de natureza política, ideológica e artística (art. 220, §2º).

---

fortuito, mas uma representação de que há pelo menos dois princípios de liberdade inspiradores de nossa ordem constitucional, que são a autonomia e a liberdade negativa" (*Direitos fundamentais*, p. 146).

12. No Direito internacional, veja-se que a Corte Interamericana de Direitos Humanos reconhece as duas dimensões da liberdade de expressão, conforme previstas no art. 13 da Convenção Americana. No que diz respeito à dimensão coletiva, na decisão proferida no caso "A Última Tentação de Cristo" (Olmedo Bustos e outros) *vs*. Chile, o tribunal consignou que "é mister indicar que a liberdade de expressão é um meio para o intercâmbio de ideias e informações entre as pessoas; compreende seu direito a comunicar a outras os seus pontos de vista, mas implica também o direito de todas a conhecer opiniões, relatos e notícias. Para o cidadão comum tem tanta importância o conhecimento da opinião alheia ou da informação de que dispõem os outros como o direito a difundir a própria" (Disponível em: <https://bit.ly/3Uu9cxz>. Acesso em: 31 ago. 2025).

Todos esses direitos consubstanciam o sistema constitucional da liberdade de expressão, ora mais relacionado à faceta substantiva, ora mais relacionado à faceta instrumental. Reconhece-se a cada pessoa tanto a possibilidade de se manifestar livremente, expressando suas impressões individuais sobre o mundo à sua volta, quanto a faculdade de participar dos processos de deliberação coletiva, atuando na formação da opinião pública e dos consensos indispensáveis ao autogoverno.

O direito à liberdade de expressão, contudo, não é absoluto. Não obstante sua posição preferencial no ordenamento jurídico — o que torna a sua prevalência recomendável —, é possível restringi-lo, seja em decorrência da aplicação de limitações expressamente fixadas pelo próprio texto constitucional, seja para a promoção de outros direitos e bens protegidos pela Constituição.[13] Assim, para além das limitações dispostas no texto constitucional, também é possível que, por meio da ponderação, a liberdade de expressão seja restringida e harmonizada com outros valores que se apresentem de forma contraposta.

No conjunto de valores e direitos assegurados pela Constituição, assumem especial relevância ao presente estudo as garantias: (i) da dignidade da pessoa humana, elencada como fundamento central da República (art. 1º, da CRFB); (ii) da igualdade (art. 5º, *caput*, da CRFB); e (iii) da não discriminação, com vedação aos "preconceitos de origem, raça,

13. O próprio reconhecimento da incidência de direitos fundamentais, em um ordenamento jurídico complexo e plural, pressupõe a sua coordenação com outros direitos e bens protegidos pela Constituição. Cf. Jane Reis Gonçalves Pereira, *Interpretação constitucional e direitos fundamentais*, p. 256.

sexo, cor, idade e quaisquer outras formas de discriminação" (art. 3º, IV, da CRFB). Em linha com o que se destacou acima, admitem-se restrições à liberdade de expressão como desdobramento desses direitos fundamentais, observados os princípios da proporcionalidade e da razoabilidade.

Há, porém, duas hipóteses em que a vedação à livre manifestação se justifica em razão das finalidades inconstitucionais e ilícitas de seu exercício. São elas: o discurso de ódio (*hate speech*); e as notícias fraudulentas (*fake news*). O discurso de ódio — definido pelo jurista André Andrade como a "manifestação ou expressão motivada por preconceito ou intolerância, através da qual uma pessoa ou um grupo é discriminado, com base em suas características identitárias"[14] —, bem como as notícias fraudulentas, que consistem em "mensagens falsas, criadas e divulgadas de forma consciente e deliberada, mediante expedientes fraudulentos, com o objetivo de causar danos a pessoas, grupos ou instituições",[15] nem sequer gozam de proteção constitucional, visto que não se enquadram como formas de expressão legítimas.

É necessário separar aquilo que deve ser legitimamente protegido pela liberdade de expressão de condutas incons-

14. André Gustavo Corrêa de Andrade, *Liberdade de expressão em tempos de cólera*, p. 151. Embora não exista um conceito unívoco para o discurso de ódio, é possível identificar, como elementos comuns das manifestações odiosas: (i) a exteriorização de ideias (ii) que incitam a discriminação ou a violência (iii) contra pessoas em razão de raça, gênero, orientação sexual, religião, etnia, nacionalidade ou outros segmentos minoritários.

15. Gustavo Binenbojm, "Fake news como externalidades negativas", portal Jota, 13 jun. 2020.

titucionais e antidemocráticas, dissociadas do livre direito de expressar. Os discursos de ódio — marcados por menoscabar grupos minoritários ou historicamente estigmatizados — e as *fake news* não merecem o especial tratamento dispensado pela Constituição às demais formas de discurso, tendo em conta que contrariam as finalidades do sistema constitucional, bem como o funcionamento das instituições democráticas e a preservação da própria liberdade de expressão.

Sob o ângulo das finalidades do sistema constitucional, há que se considerar que o constituinte estabeleceu compromisso com a igualdade, reconhecendo a gravidade do racismo para a sociedade e a necessidade de combatê-lo.[16] Não à toa, o texto constitucional erigiu o combate ao racismo como princípio de regência das relações internacionais do Brasil (art. 4º, VIII, da CRFB) e o tipificou como crime inafiançável e imprescritível (art. 5º, XLII, da CRFB). Já o art. 13, §5º, da Convenção Americana de Direitos Humanos, dispõe que a lei deve proibir "toda apologia ao ódio nacional, racial ou religioso que constitua incitação à discriminação, à hostilidade, ao crime ou à violência".

A utilização de discursos para a disseminação de manifestações discriminatórias e de incitação ao ódio, nesse contexto, representa conduta antijurídica que, por ser contrária ao texto constitucional, não se enquadra no escopo da liberdade de expressão. Conforme declarou o ministro do Supremo Tribunal Federal Celso de Mello no julgamento do Caso

16. Daniel Sarmento, op. cit., p. 251.

Ellwanger,[17] o precedente histórico que definiu, em 2003, o antissemitismo como crime de racismo no Brasil:

> ... *[a] prerrogativa concernente à liberdade de manifestação do pensamento, por mais abrangente que deva ser, não constitui meio que possa legitimar a exteriorização de propósitos criminosos, especialmente quando as expressões de ódio racial — veiculadas com evidente superação dos limites da crítica política ou da opinião histórica — transgridem, de modo inaceitável, valores tutelados pela própria ordem constitucional.*[18]

Sob outro prisma, o discurso de ódio representa ameaça ao funcionamento das instituições democráticas, na medida em que as manifestações intolerantes são capazes de comprometer os valores de pluralidade que o próprio sistema constitucional da liberdade de expressão busca proteger. Conforme exposto, a partir do caráter instrumental das liberdades comunicativas, promovem-se outros valores essenciais para a sociedade, como a democracia. O discurso de ódio, todavia, exclui as vítimas do debate,[19] reverberando ideias incompatíveis com a própria democracia.[20] Assim, a repressão do discurso de ódio

17. Siegfried Ellwanger (1928-2010) era um editor gaúcho que se dedicava à publicação de livros de conteúdo antissemita. Ele foi condenado pela Justiça do Rio Grande do Sul e recorreu ao Supremo Tribunal Federal, que manteve a condenação à prisão.

18. STF, HC nº 82.424, relator para acórdão min. Maurício Corrêa, Tribunal Pleno, j. em 17/09/2003 e p. em 30/09/2003.

19. Owen Fiss, *A ironia da liberdade de expressão*, p. 47.

20. Segundo Ingo W. Sarlet, o discurso de ódio "acirra sectarismos, instila a divisão

também se justifica diante da necessidade de preservação do pluralismo e do saudável debate democrático.

Como já registrado linhas atrás, o STF entende que o discurso de ódio não está protegido pela liberdade de expressão. Por ocasião do mencionado Caso Ellwanger, o ministro Maurício Corrêa, redator do acórdão, destacou que "a previsão de liberdade de expressão não assegura o 'direito de incitação ao racismo', até porque um direito individual não pode servir de salvaguarda para práticas ilícitas".[21] No bojo da ADO nº 26, o ministro Celso de Mello consignou que o discurso de ódio "não encontra amparo na liberdade constitucional de expressão nem na Convenção Americana de Direitos Humanos (art. 13, §5º), que expressamente o repele".[22]

A ampliação de discursos de ódio e a disseminação de notícias fraudulentas vêm impondo desafios relevantes às democracias ao redor do mundo, às instituições e à regulação do funcionamento de toda a sociedade. Tais desafios são potencializados pela nova dinâmica da comunicação digital, que reforça a necessidade de se separar aquilo que deve ser legitimamente protegido pela liberdade de expressão de condutas inconstitucionais e antidemocráticas dissociadas do livre direito de se expressar. De fato, o meio pelo qual os

---

social, gera níveis preocupantes de instabilidade política e mesmo representa, cada vez mais, ameaças concretas para a democracia" ("Liberdade de expressão e o problema da regulação do discurso do ódio nas mídias sociais", *REI*, p. 1209).

21. STF, HC nº 82.424, rel. p/ acórdão min. Maurício Corrêa, pleno, j. em 17/09/2003 e p. em 30/09/2003.

22. STF, Ação Direta de Inconstitucionalidade por Omissão (ADO) nº 26, rel. min. Celso de Mello, pleno, j. em 13/06/2019, DJe. de 06/10/2020.

discursos são difundidos influencia a análise da possibilidade de restrição de manifestações.[23] A internet, outrora relacionada a um terreno livre por meio do qual os usuários, assumindo posição ativa, buscavam e publicavam informações,[24] passou a ser marcada pelo monopólio de poucas plataformas digitais,[25] possibilitando a intensificação das manifestações odiosas. Conforme a advogada Luna Barroso, as plataformas digitais inovaram ao ampliar a escala e o escopo da disseminação da desinformação e das manifestações odiosas:

> *É certo que campanhas de propaganda política para persuadir eleitores, discurso de ódio, desinformação e bullying sempre fizeram parte da vida política. A novidade das plataformas digitais, no entanto, está na escala e no escopo dessas externalidades. Na verdade, o problema atual reside na interseção entre: (i) abundância de informação promovida pelas redes sociais, ao permitirem a publicação de conteúdo ilimitado e sem custo; (ii) a psicologia humana, que é atraída por conteúdo que provoca emoções fortes, especialmente a raiva; (iii) o perfilamento de usuários possibilitado pela coleta de dados; e (iv) o uso de sistemas de recomendação para direcionamento de conteúdo excessivamente personalizado para cada usuário.*[26]

A possibilidade de publicação por perfis anônimos e a utilização descontrolada de algoritmos — com a personalização

23. Rafael Lorenzo-Fernandez Koatz, *Discursos ofensivos e de incitação ao ódio*, p. 252.

24. Ibid., p. 272.

25. Luna Van Brussel Barroso, *Liberdade de expressão e democracia na era digital*, p.138.

26. Ibid., p. 140.

da informação de acordo com predisposições dos usuários[27] — intensificaram a difusão e a disseminação de manifestações odiosas e notícias fraudulentas. Justamente em razão do potencial de ampla propagação desses discursos por meio das redes sociais,[28] assim como do risco efetivo de migração de discursos e condutas odiosos para fora das redes,[29] é possível impor limites à sua divulgação pela internet. Entre as modalidades de discurso de ódio existentes, uma delas vem passando por um recrudescimento recente: os discursos antissemitas.

27. De acordo com o relatório sobre antissemitismo na era digital publicado pela organização Hope Not Hate, "(...) many antisemitic narratives, hashtags, memes, videos, and groups that emerged during the pandemic remain on some platforms. Here they are not only easily accessible to broad segments of the population, but are often also *algorithmically amplified and so are aggressively made available to others through the logic of social networks*" ("muitas narrativas, *hashtags*, memes, vídeos e grupos antissemitas surgidos durante a pandemia permanecem em algumas plataformas. Nelas, eles não só são facilmente acessíveis por amplos segmentos da população, como também são, frequentemente, amplificados algoritmicamente e, portanto, disponibilizados agressivamente a outros por meio da lógica das redes sociais"). Cf. Gregory Davis, *Antisemitism in the Digital Age*, pp. 8-17; grifou-se.

28. Segundo dados da organização Safernet, as denúncias de crimes envolvendo discurso de ódio na internet recebidas pela Central Nacional de Denúncias tiveram em 2022 um crescimento de 67,7% em relação a 2021. (Disponível em: <https://bit.ly/3SkZC0A>. Acesso em: 31 ago. 2025.)

29. Nesse sentido, o secretário-geral das Nações Unidas, António Guterres, afirmou: "Nós reconhecemos *o discurso do ódio* como um ataque contra a tolerância, a inclusão, a diversidade e a essência de nossas normas e princípios de direitos humanos. Mais amplamente, ele compromete a coesão social, *desgasta valores compartilhados e pode criar a base para a violência, retardando a causa da paz, da estabilidade, do desenvolvimento sustentável e da dignidade humana*. Nas últimas décadas, o discurso de ódio tem sido precursor de crimes de atrocidade, incluindo genocídio, de Ruanda a Bósnia e ao Camboja". Cf. António Guterres, "As chamas do discurso do ódio", portal da ONU, 1º jul. 2019; grifou-se.

2. Antissemitismo como não liberdade: sendo intolerante com os intolerantes

Para analisar o antissemitismo do ponto de vista jurídico, preciso retomar, ainda que brevemente, o itinerário histórico de seu surgimento, desenvolvimento e recrudescimento nas eras Moderna e Contemporânea. Entendo que as manifestações antissemitas, como regra, ocupam um espaço não protegido pela liberdade de expressão. Mas, para a defesa dessa hipótese, a contextualização é fundamental.

Como visto anteriormente, a perseguição ao povo judeu antecedeu o próprio conceito de antissemitismo. Embora se atribua a criação do termo ao jornalista Wilhelm Marr, com a fundação da Liga dos Antissemitas em 1879, os judeus já eram estigmatizados na época do Império Romano, sobretudo com a edição, pelo imperador Teodósio I, do Édito de Tessalônica, no ano 380.[1] A partir desse momento, o Cristianismo se tornou a religião oficial do Império Romano e a perseguição ao povo judeu ganhou contornos institucionais, isto é, passou não apenas a ser tolerada, mas incentivada em diversos sistemas legais.[2]

Com o passar dos anos, a perseguição aos judeus se intensificou e tomou diferentes formas: criação de estereótipos para depreciar sua imagem, proibições legais ao exercício de certas profissões, confisco de propriedades, destruição de sinagogas e até ataques violentos para assassiná-los (*pogroms*). Sem prejuízo da extensa história de perseguição, com inúmeras fases e eventos, cabe destacar dois fatos que ajudam a compreender melhor o antissemitismo na atualidade: o chamado Caso Dreyfus e o Holocausto.[3]

Conforme abordado no Capítulo anterior, o Caso Dreyfus ficou conhecido como um divisor de águas para a cristalização de uma nova feição do antissemitismo que crescia, sobretudo na Europa, no sentido de *racializar* o povo judeu e fazer emergir o que se chamou de "a questão

1. Paul Mendes-Flohr e Jehuda Reinharz (orgs.), *Jew in the Modern World*, p. 333, nota 1.

2. Albert S. Lindemann e Richard S. Levy (orgs.), *Antisemitism: A History*.

3. Para mais informações, ver: "Antisemitism in Global History", Anti-Defamation League (ADL). Disponível em: <https://antisemitism.adl.org/antisemitism-in-global-history/>. Acesso em: 31 ago. 2025. Também nesse sentido (e em português), ver: *Guia contra o antissemitismo: o que é e como combater o ódio aos judeus*, Coleção IBI, Instituto Brasil-Israel, São Paulo, nov. 2023. Disponível em: <https://www.institutobrasilisrael.org/wp-content/uploads/2023/11/Guia_Contra_Antissemitismo_IBI.pdf>. Acesso em: 31 ago. 2025.

judaica" ou "o problema judaico".[4] Relembrando: em 1895, Alfred Dreyfus, um oficial do alto escalão do Exército francês — de origem judaica — foi injustamente acusado e condenado por traição. Apesar de sua inocência ter sido comprovada pelas evidências produzidas à época, o simples fato de ele ser judeu fez com que parcela da imprensa e da população associasse o suposto (*rectius*: falso) crime à sua religião. Objetivamente: a sociedade francesa usou a traição injustamente imputada a Dreyfus para reforçar seu preconceito contra o povo judeu, seja negando a inocência do oficial francês, seja empreendendo ataques violentos a sinagogas e propriedades de judeus.

Mas essa nova fase do antissemitismo, de associação de crimes e problemas sociais ao povo judeu, ganharia contornos sem precedentes com o Holocausto. A expressão refere-se

4. A centralidade da questão judaica no século XX superou a querela do antissemitismo religioso e ganhou força numa perspectiva internacional, segundo Hannah Arendt: "Muitos ainda julgam que a ideologia nazista girou em torno do antissemitismo por acaso, e que desse acaso nasceu a política que inflexivelmente visou a perseguir e, finalmente, exterminar os judeus. O horror do mundo diante do resultado derradeiro, e, mais ainda, diante do seu efeito, constituído pelos sobreviventes sem lar e sem raízes, deu à 'questão judaica' a proeminência que ela passou a ocupar na vida política diária. O que os nazistas apresentaram como sua principal descoberta — o papel dos judeus na política mundial — e o que propagavam como principal alvo — a perseguição dos judeus no mundo inteiro — foi considerado pela opinião pública mero pretexto, interessante truque demagógico para conquistar as massas. (...) quando, por motivos que nada tinham a ver com a questão judaica, os problemas raciais ocuparam o centro do cenário político, os judeus imediatamente foram ajustados como alvo pelas ideologias e doutrinas que definiam grupos humanos por laços de sangue e por características genéticas familiares" (*Origens do totalitarismo*, pp. 25-26).

ao processo contínuo de "perseguição sistemática e o assassinato de 6 milhões de judeus europeus pelo regime nazista alemão, seus aliados e colaboradores".[5] O objetivo era o extermínio do povo judeu como "Solução Final da Questão Judaica". Para o regime nazista, os judeus eram uma "raça perigosa" que representava risco para a "raça pura" ariana, o que justificaria o seu genocídio.

Essa breve contextualização do antissemitismo é fundamental para a sua compreensão na atualidade, tanto na esfera social quanto na jurídica. Isso porque, como pontuava o rabino-chefe do Reino Unido e da Comunidade Britânica das Nações, Jonathan Sacks, o antissemitismo (i) não é sobre os judeus, mas sobre antissemitas — pessoas que não conseguem aceitar responsabilidade sobre as próprias falhas e, ao invés disso, culpam outros; e (ii) tomou (toma) diferentes formas em cada período histórico: na Idade Média, judeus eram odiados por sua religião; nos séculos XIX e XX, por sua raça; hoje, são odiados por seu Estado nacional, o Estado de Israel.[6] Como um vírus que sofre mutações, o antissemitismo se torna um fenômeno de difícil classificação e igualmente difícil de ser combatido.[7]

Também é interessante compreender a que o prefixo "anti" se opõe, de modo a conceituar o "semita" sob sua

5. "Introdução ao Holocausto", *Enciclopédia do Holocausto*. Disponível em: <https://encyclopedia.ushmm.org/content/pt-br/article/introduction-to-the-holocaust>. Acesso em: 31 ago. 2025.

6. Jonathan Sacks, trecho do discurso "The Mutating Virus: Understanding Antisemitism", 2016, op. cit.

7. Jonathan Sacks, "Discurso proferido na Casa dos Lordes", YouTube, 2018.

própria perspectiva, e não sob a de seus perseguidores. De início, o termo "semita" abarcava os árabes, além dos judeus, uma vez que parte de uma ótica linguística (povos que falavam hebraico, aramaico e árabe) e religiosa, considerando o papel atribuído a Abraão (descendente de Sem, filho de Noé), nos termos em que foi cunhado pelo historiador alemão August Ludwig von Schlözer.[8] Contudo, ainda que o termo possa, originalmente, ter feito referência a outros povos, fato é que o antissemitismo se desenvolveu e serviu de classificação para um fenômeno que afetou única e exclusivamente o povo judeu. Então, o que é ser judeu?

Naturalmente, essa resposta não considerará uma perspectiva pessoal de cada um, mas uma visão abrangente. O Judaísmo vai além de uma religião; representa uma cultura, um povo, uma identidade. Embora o povo judeu tenha, historicamente, fortes laços com o território em que hoje está o Estado de Israel, que concentra a maior parte da população judaica do mundo e é oficialmente considerado um Estado judeu, o povo judeu não está territorialmente limitado, como uma nacionalidade.

A verdade é que a definição do que é ser judeu é igualmente complexa, o que faz com que simplificações sejam muitas vezes buscadas, como é o caso de eleger apenas uma das perspectivas acima enunciadas como a "resposta correta" ou, pior, adotar a visão racial construída ao longo de anos de mutação do antissemitismo. Em todo caso, há uma faceta

8. Paulo Daniel Farah, "Oriente Médio: um conflito entre irmãos", jornal *Folha de S.Paulo*, 27 ago. 2002.

diferente do antissemitismo para cada concepção do Judaísmo (seja ela adequada ou não).

Nesse sentido, da mesma forma que o Judaísmo abarca diferentes significados, há um "antijudaísmo" (ou antissemitismo) para cada um deles, i.e., há um antissemitismo religioso, um antissemitismo cultural, um antissemitismo nacional, um antissemitismo racista e até antissemitismos que misturam mais de um desses ingredientes.[9] Isso evidencia a dificuldade de definição de um conceito uníssono de antissemitismo. Vejam-se, nesse sentido, três definições elaboradas por organizações distintas:

> *O antissemitismo é uma determinada percepção dos judeus, que se pode exprimir como ódio em relação aos judeus. Manifestações retóricas e físicas de antissemitismo são orientadas contra indivíduos judeus e não judeus e/ou contra os seus bens, contra as instituições comunitárias e as instalações religiosas judaicas.*[10] (Definição da IHRA)

9. Nesse sentido, cf. *Guia contra o antissemitismo: o que é e como combater o ódio aos judeus*, op. cit.

10. Definição prática de antissemitismo construída em 2016 pela Aliança Internacional para a Memória do Holocausto (IHRA) juridicamente não vinculativa, mas adotada por seus 31 países-membros em 26 de maio daquele ano. Cf. International Holocaust Remembrance Alliance. Working Definitions & Charters. Disponível em: <https://bit.ly/49e9O0n>. Acesso em: 31 ago. 2025. Embora não seja um país-membro, o Brasil foi admitido como país observador em 2021 e o Rio de Janeiro se tornou, em 2023, a primeira cidade brasileira a aderir oficialmente à definição da IHRA. Nesse sentido, ver: "Rio de Janeiro se torna a primeira cidade brasileira a aderir à definição da IHRA", Conib, 3 nov. 2023. Disponível em: <https://www.conib.org.br/noticias-conib/38025-rio-de-janeiro-se-torna-a-primeira-cidade-brasileira-a-aderir-a-definicao-da-ihra.html>. Acesso em: 31 ago. 2025.

> *O antissemitismo consiste em crenças, atitudes, ações ou condições sistêmicas antijudaicas. Isso inclui crenças e sentimentos negativos sobre os judeus, comportamento hostil dirigido contra os judeus (porque são judeus) e condições que discriminam os judeus e impedem significativamente a sua capacidade de participar como iguais na vida política, religiosa, cultural, econômica ou social. Como personificação da organização e ação coletiva judaica, Israel funciona como uma espécie de ímã e um alvo de comportamento antissemita. Assim, é importante que os judeus e os seus aliados compreendam o que é e o que não é antissemita em relação a Israel.*[11] (Definição do Nexus Task Force)

> *O antissemitismo é a discriminação, o preconceito, a hostilidade ou a violência contra judeus enquanto judeus (ou instituições judaicas enquanto judaicas).*[12] (Definição do grupo JDA)

11. Definição elaborada em dezembro de 2020 pelo Nexus Task Force, vinculado ao Centro de Estudos sobre Ódio da Universidade de Bard, no estado de Nova York (EUA), e publicada em fevereiro de 2021. "The Nexus Document" (tradução livre do inglês). Disponível em: <https://israelandantisemitism.com/the-nexus-document/>. Acesso em: 31 ago. 2024.

12. Definição cunhada pelo grupo JDA (do inglês, Declaração de Jerusalém sobre Antissemitismo), composto por acadêmicos nas áreas de História do Holocausto, Estudos Judaicos e Oriente Médio. Disponível em: <https://jerusalemdeclaration.org/>. Acesso em: 31 ago. 2024. No Preâmbulo desse documento, destaca-se que: "A Declaração de Jerusalém sobre o Antissemitismo *é uma resposta à 'Definição da IHRA'*, documento adotado pela Aliança Internacional para a Memória do Holocausto (IHRA) em 2016. Como a definição da IHRA não é clara em aspectos-chave e amplamente aberta a diferentes interpretações, causou confusão e gerou controvérsia, enfraquecendo a luta contra o antissemitismo. Observando que ela se autodenomina 'uma definição funcional', *procuramos melhorá-la oferecendo*: (a) *uma definição nuclear mais clara*; *e* (b) *um conjunto coerente de diretrizes*. Nós esperamos que

Como adiantado, o antissemitismo não é de fácil conceituação. E isso se deve não apenas ao caráter mutável do fenômeno que se busca definir, como também à falta de consenso, nas comunidades judaica e acadêmica, sobre algumas de suas facetas. Daí a importância de se oferecerem definições diferentes. A definição proposta pela Aliança Internacional para a Memória do Holocausto (IHRA) foi a pioneira dessas três, numa tentativa mais atual de construir um conceito com base em um consenso entre diversos acadêmicos e estudiosos do Holocausto e do Judaísmo. Como a própria IHRA sustenta, seu conceito de antissemitismo é uma "defi-

---

isso seja útil para monitorar e combater o antissemitismo, bem como para propósitos educacionais. Propomos nossa Declaração não juridicamente vinculante como *uma alternativa à Definição da IHRA. As instituições que já adotaram a Definição da IHRA podem usar nosso texto como ferramenta para interpretá-la*. A definição da IHRA inclui onze 'exemplos' de antissemitismo, sete dos quais se concentram no Estado de Israel. Embora isso coloque ênfase indevida em uma arena, há uma necessidade amplamente sentida de clareza sobre os limites do discurso e da ação políticos legítimos em relação ao sionismo, Israel e Palestina. *Nosso objetivo é duplo:* (1) *fortalecer a luta contra o antissemitismo, esclarecendo o que é e como se manifesta*; (2) *proteger um espaço para um debate aberto sobre a problemática do futuro de Israel/ Palestina. Não partilhamos todos as mesmas opiniões políticas e não procuramos promover uma agenda político-partidária*. Determinar que uma visão ou ação controversa não é antissemita não implica nem que a endossemos nem que não a apoiemos. *As diretrizes que se concentram em Israel-Palestina (números 6 a 15) devem ser tomadas em conjunto. Em geral, ao aplicar as diretrizes, cada uma deve ser lida à luz das demais e sempre com vistas ao contexto. O contexto pode incluir a intenção por trás de um enunciado, ou um padrão de discurso ao longo do tempo, ou mesmo a identidade de quem fala, especialmente quando o assunto é Israel ou o sionismo*. Assim, por exemplo, a hostilidade a Israel pode ser uma expressão de um *animus* antissemita, ou pode ser uma reação a uma violação dos direitos humanos, ou pode ser a emoção que um palestino sente por conta de sua experiência nas mãos do Estado. Em suma, é necessário discernimento e sensibilidade na aplicação destas orientações a situações concretas" (grifou-se).

nição em andamento" (*working definition*), de modo que não se propõe a ser exaustiva e imutável. As definições propostas pelo Nexus Task Force e pela Jerusalem Declaration On Antisemitism (JDA) vêm complementar aquela da IHRA.

Para facilitar a compreensão do antissemitismo em situações concretas e atuais, cada uma das definições apresentadas é acompanhada por exemplos ou diretrizes do que são ações antissemitas (e, no caso das definições do Nexus e da JDA, também exemplos do que *não* são ações antissemitas). Veja-se:

IHRA[13]

- Apelar, ajudar ou justificar o assassínio ou os maus-tratos a judeus em nome de uma ideologia radical ou de uma visão extremista da religião;

- Fazer alegações enganosas, desumanizadoras, demonizadoras ou estereotipadas sobre os judeus como tal ou sobre o poder dos judeus como um coletivo — tais como, em particular mas não exclusivamente, o mito de uma conspiração judaica mundial ou a afirmação de que os judeus controlam os meios de comunicação social, a economia, o governo ou outras instituições societais;

- Acusar os judeus como povo de serem responsáveis por

13. International Holocaust Remembrance Alliance (IHRA). Disponível em: <https://holocaustremembrance.com/resources/definicao-pratica-de-antissemitismo-da-ihra>. Acesso em: 31 ago. 2025.

irregularidades reais ou imaginárias, cometidas por um judeu ou um grupo judaico, ou até por atos cometidos por não judeus;

- Negar o fato, o âmbito, os mecanismos (por exemplo, as câmaras de gás) ou o carácter intencional do genocídio do povo judeu às mãos da Alemanha nacional-socialista e seus apoiantes e cúmplices durante a Segunda Guerra Mundial (o Holocausto);

- Acusar cidadãos judeus de serem mais leais a Israel, ou às alegadas prioridades dos judeus em nível mundial, do que aos interesses das suas próprias nações;

- Negar ao povo judeu o seu direito à autodeterminação, por exemplo, afirmando que a existência do Estado de Israel é um empreendimento racista;

- Aplicar uma dualidade de critérios, requerendo um comportamento que não se espera nem se exige de qualquer outra nação democrática;

- Utilizar símbolos ou imagens associados ao antissemitismo clássico (por exemplo, alegações de os judeus terem matado Jesus ou do libelo de sangue) para caracterizar Israel ou os israelitas;

- Efetuar comparações entre a política israelita contemporânea e a dos nazis; e

- Considerar os judeus coletivamente responsáveis pelas ações do Estado de Israel.

Nexus[14]

O que é antissemitismo?
(...)

- É antissemita promover mitos, estereótipos ou atitudes sobre o sionismo e/ou Israel que derivam de e/ou reforçam acusações e *tropos* antissemitas. Estes incluem:

  - Caracterizar Israel como sendo parte de uma ameaçadora conspiração mundial de controle judaico da mídia, da economia, do governo ou de outras instituições financeiras culturais ou sociais;

  - Atribuir indiscriminadamente os sofrimentos e as injustiças ao redor do mundo a uma conspiração judaica oculta ou a uma mão difamatória de Israel ou do sionismo;

  - Responsabilizar, *a priori*, indivíduos judeus ou instituições judaicas por injustiças reais ou imaginárias praticadas por Israel;

14. The Nexus Document (tradução livre do inglês). Disponível em: <https://israelandantisemitism.com/the-nexus-document/>. Acesso em: 31 ago. 2025.

- Considerar, *a priori*, judeus de serem incapazes de deixar de lado sua lealdade ao povo judeu e/ou a Israel; e

- Depreciar ou negar a identidade judaica de certos judeus porque estes são entendidos como detentores de uma posição "errada" (seja muito crítica, seja muito favorável) sobre Israel.

- É antissemita usar símbolos e imagens que apresentem todos os judeus como coletivamente culpados pelas ações do Estado de Israel;

- É antissemita atacar e/ou agredir fisicamente um judeu em decorrência de seu relacionamento com Israel;

- É antissemita expressar hostilidade intensa contra judeus que estão conectados a Israel de uma maneira que, intencionalmente ou irresponsavelmente (agindo com desconsideração a potenciais consequências violentas), provoque violência antissemita;

- É antissemita tratar Israel de uma maneira negativa baseada na alegação de que somente aos judeus deveria ser negado o direito de se definir como povo e de exercer qualquer forma de autodeterminação;

- É antissemita defender uma solução política que negue aos judeus o direito de se definirem como um povo, negando-lhes, por serem judeus, o direito à autodeterminação; e

- É antissemita tratar Israel de forma diferente apenas por ser um Estado judaico, usando padrões diferentes dos aplicados a outros países.

O que não *é antissemitismo?*

- Como regra geral, críticas ao sionismo ou a Israel, oposição às políticas de Israel, ou ação política não violenta direcionada ao Estado de Israel e/ou suas políticas *não* devem ser consideradas antissemitas;

- Mesmo críticas controversas, estridentes ou duras a Israel por suas políticas ou ações, incluindo aquelas que levaram à criação de Israel, *não* são, por si, só ilegítimas nem antissemitas;

- A oposição ao sionismo e/ou Israel *não* reflete, necessariamente, um *animus* antijudaico específico, nem leva propositalmente a comportamentos ou condições antissemitas. (Por exemplo, alguém pode se opor ao princípio do nacionalismo ou da ideologia etnonacionalista. Da mesma forma, a experiência pessoal ou nacional de alguém pode ter sido adversamente afetada pela criação do Estado de Israel. Essas motivações e/ou atitudes contra Israel e/ou o sionismo não necessariamente constituem comportamento antissemita); e

- Prestar desproporcionalmente atenção e tratar de forma diferente Israel em comparação a outros países *não* é, *prima facie*, uma prova de antissemitismo. (Existem inúmeras razões para prestar atenção especial e tratar Israel de forma diferenciada, por exemplo, algumas pessoas se importam mais com Israel; outras podem prestar mais atenção porque o país tem uma relação especial com os Estados Unidos e recebe 4 bilhões de dólares em ajuda norte-americana.)

JDA[15]

Diretrizes

Geral

- É racismo *essencializar* (tratar um traço de caráter como inerente) ou fazer generalizações negativas abrangentes sobre determinada população. O que é verdade para o racismo, em geral, é verdade para o antissemitismo, em particular;

- O que é particular no antissemitismo clássico é a ideia de que os judeus estão ligados às forças do mal. Isso está no centro de muitas fantasias antijudaicas, como a ideia de uma conspiração judaica na qual "os judeus" possuiriam um poder oculto usado para promover a própria agenda coletiva à custa de outras pessoas. Essa ligação

15. Jerusalem Declaration on Antisemitism (tradução livre do inglês). Disponível em: <https://jerusalemdeclaration.org/>. Acesso em: 31 ago. 2025.

entre os judeus e o mal continua no presente: na fantasia de que "os judeus" controlam governos com uma "mão invisível", de que são donos dos bancos, controlam a mídia, agem como "um Estado dentro de um Estado" e são responsáveis pela propagação de doenças (como a Covid-19). Todas essas características podem ser instrumentalizadas por diferentes (e até antagônicas) causas políticas;

- O antissemitismo pode se manifestar em palavras, imagens visuais e atos. Exemplos de palavras antissemitas incluem declarações de que todos os judeus são ricos, inerentemente mesquinhos ou antipatrióticos. Nas caricaturas antissemitas, os judeus são frequentemente retratados como grotescos, com nariz grande e associados à riqueza. Exemplos de atos antissemitas são: agredir alguém porque ela ou ele é judeu, atacar uma sinagoga, colocar suásticas em túmulos judaicos ou recusar-se a contratar ou promover pessoas porque são judias;

- O antissemitismo pode ser direto ou indireto, explícito ou codificado. Por exemplo: "Os Rothschild controlam o mundo" é uma declaração codificada sobre o suposto poder dos "judeus" sobre bancos e finanças internacionais. Da mesma forma, retratar Israel como o mal supremo ou exagerar grosseiramente sua influência real pode ser uma maneira codificada de *racializar* e estigmatizar os judeus. Em muitos casos, identificar o discurso codificado é uma questão de contexto e julgamento, levando-se em conta estas diretrizes; e

- Negar ou minimizar o Holocausto alegando que o genocídio nazista deliberado dos judeus não ocorreu, ou que não havia campos de extermínio nem câmaras de gás, ou que o número de vítimas era uma fração do total real, é antissemita.

Israel e Palestina: exemplos que, à primeira vista, são antissemitas

- Aplicar os símbolos, imagens e estereótipos negativos do antissemitismo clássico (*ver diretrizes 2 e 3*) ao Estado de Israel;

- Responsabilizar coletivamente os judeus pela conduta de Israel ou tratar os judeus, simplesmente porque são judeus, como agentes de Israel;

- Exigir que as pessoas, por serem judias, condenem publicamente Israel ou o sionismo (por exemplo, em uma reunião política);

- Supor que os judeus não israelenses, simplesmente porque são judeus, são necessariamente mais leais a Israel do que aos próprios países; e

- Negar o direito dos judeus de, no Estado de Israel, existir e florescer, coletiva e individualmente, como judeus, de acordo com o princípio da igualdade.

Israel e Palestina: exemplos que, à primeira vista, não *são antissemitas*

- Apoiar o pleito palestino por justiça e a plena concessão de seus direitos políticos, nacionais, civis e humanos, conforme consagrado no Direito internacional;

- Criticar ou se opor ao sionismo como uma forma de nacionalismo, ou defender uma variedade de arranjos constitucionais para judeus e palestinos na área entre o rio Jordão e o Mediterrâneo. *Não* é antissemita apoiar arranjos que concedam plena igualdade a todos os habitantes "entre o rio e o mar", seja em dois Estados, um Estado binacional, um Estado democrático unitário, um Estado federal ou sob qualquer forma;

- Críticas baseadas em evidências a Israel como Estado. Isso inclui suas instituições e princípios fundadores. Também inclui suas políticas e práticas, domésticas e exteriores, como a conduta de Israel na Cisjordânia e em Gaza, o papel que Israel desempenha na região, ou qualquer outra maneira pela qual, como Estado, influencia os eventos no mundo. *Não* é antissemita apontar discriminação racial sistemática. Em geral, as mesmas normas de debate que se aplicam a outros Estados e a outros conflitos sobre a autodeterminação nacional se aplicam ao caso de Israel e ao da Palestina. Assim, mesmo que controverso, *não* é antissemita, por si só, comparar Israel a outros eventos históricos, incluindo o colonialismo dos colonos ou o *apartheid*;

- Boicote, desinvestimento e sanções são formas comuns e não violentas de protesto político contra os Estados. No caso israelense, elas *não* são, por si só, antissemitas; e

- O discurso político não precisa ser medido, proporcional, moderado ou razoável para ser protegido pelo art. 19 da Declaração Universal dos Direitos Humanos nem pelo art. 10 da Convenção Europeia de Direitos Humanos e outros instrumentos de direitos humanos. Críticas que alguns podem ver como excessivas ou controversas, ou como refletindo um "duplo padrão", *não* são, por si só, antissemitas. Em geral, a linha entre o discurso antissemita e o discurso *não* antissemita é diferente da linha entre o discurso irracional e o discurso razoável.

A partir desses exemplos e dessas diretrizes, pode-se compreender que, a despeito das especificidades de cada uma das definições apresentadas, todas atestadoras do caráter plurissignificativo do antissemitismo, existem convergências que podem auxiliar a construção de um consenso em torno do que é um discurso antissemita. E, a partir daí, identificar suas consequências, o que será desenvolvido no tópico seguinte. No entanto, antes disso, cabe registrar que o antissemitismo é uma forma clara de discurso de ódio. Mais ainda, nos termos da jurisprudência do STF, é uma forma de racismo.

Como adiantado, o julgamento do Caso Ellwanger pelo STF representou um marco na jurisprudência da Corte e na interpretação do conceito de racismo no país. Reconheceu-se que a apologia de ideias preconceituosas e discriminatórias contra a comunidade judaica equivale ao racismo, estando também sujeita às cláusulas de inafiançabilidade e imprescritibilidade. Um dos pontos centrais na discussão da equiparação do antissemitismo ao racismo foi justamente o fato de que os judeus não são uma raça. Apesar disso, conforme o entendimento da maioria que se formou no sentido de imputar o crime de racismo a Ellwanger, o povo judeu, sobretudo após o Holocausto, passou por um processo de *racialização*[16] (uma das muitas feições do antissemitismo), imposto por seus perseguidores. Sob essa perspectiva, seria possível considerar o antissemitismo uma espécie de racismo. Sendo assim, confira-se o seguinte trecho do voto do ministro Maurício Corrêa:

> *Daí a apropriada conclusão de Izidoro Blikstein, professor titular de Semiótica e Linguística da USP, de que antissemitismo é uma forma de racismo, exatamente por contrapor em sua filosofia duas raças, uma tida por superior à outra. Lembra a observação do historiador*

16. Confira-se explicação sobre o termo em trecho do voto do ministro Maurício Corrêa: "O dicionário de Sociologia da Universidade de Oxford procura explicar o fenômeno tendo como pressupostos três conceitos: racialismo, que é 'o tratamento desigual de um grupo plurinacional baseado apenas em sua possessão de traços físicos ou outras características socialmente definidas como denotando uma raça particular'; racismo, 'um sistema determinista de crenças que sustenta o racialismo, ligando tais características a traços físicos ou psicológicos baseados em valoração negativa'; e racialização, 'o processo social pelo qual um grupo social é categorizado como 'raça'. Sem dúvida, é o que fez o nazismo ao racializar o povo judeu e os alemães arianos, com o objetivo de promover o racialismo em relação aos primeiros. Isso não é outra coisa senão a prática de racismo."

Raul Hilberg, de que a singularidade do nazismo reside no fato de ter utilizado o antissemitismo para a construção de sua doutrina racista e de ter praticado literalmente tal doutrina, com a criação dos campos de extermínio. Por isso mesmo a Enciclopédia Ilustrada Oxford *situou a ação dos nazistas alemães como marcante exemplo do que seja racismo e suas graves consequências.*

Aliás, o voto do ministro Celso de Mello destacou que a própria Assembleia Geral da ONU havia editado, em 9 de dezembro de 1998, uma resolução para estabelecer medidas de combate a formas contemporâneas de racismo, discriminação racial, xenofobia e outros tipos de intolerância, entre os quais inseriu o antissemitismo.[17] Portanto, ainda que o povo judeu não possa ser considerado uma raça, é inegável, sob todos os prismas analisados, que o antissemitismo é uma forma de racismo e que deve ser combatido e punido como tal.

A verificação, na prática, do que seria uma conduta antissemita, deve levar em consideração todos esses pontos ana-

17. "17. Urges all Governments to cooperate fully with the Special Rapporteur with a view to enabling him to fulfil his mandate, including the examination of incidents of contemporary forms of racism and racial discrimination, *inter alia*, against blacks, Arabs and Muslims, xenophobia, Negrophobia, anti-Semitism and related intolerance" ("Insta todos os governos a cooperar plenamente com o Relator Especial com vistas a permitir que ele cumpra seu mandato, incluindo o exame de incidentes de formas contemporâneas de racismo e discriminação racial, entre outros, contra negros, árabes e muçulmanos, xenofobia, negrofobia, antissemitismo e intolerância relacionada"). Resolution Adopted by the General Assembly on the report of the Third Committee (A/53/623). ONU, 53ª sessão, Agenda item 108. Disponível em: <https://documents-dds-ny.un.org/doc/UNDOC/GEN/N99/770/59/PDF/N9977059.pdf?OpenElement>. Acesso em: 31 ago. 2025.

lisados. Sem a pretensão de erigir um conceito único para o antissemitismo, é possível concluir que, para o direito, ele é um conceito jurídico indeterminado. Os conceitos jurídicos indeterminados são aqueles que "requerem do intérprete da norma uma valoração", e cujo "processo de aplicação causa dúvidas e controvérsias, propugnando-se ora por um controle jurisdicional amplo, ora por um controle limitado, dependendo de sua associação ou dissociação da discricionariedade".[18]

É dizer: o antissemitismo é uma conduta dotada do mais alto grau de reprovabilidade no sistema jurídico. Todavia, por não ter um sentido unívoco, pessoas razoáveis e de boa-fé podem divergir sobre se determinada manifestação é ou não antissemita. Essa discordância reverbera por distintas searas do Direito. Por exemplo, no campo criminal, é um fato típico, e a ocorrência ou não do crime em concreto demandará a submissão ao juízo de certeza típico da seara criminal. Para o objeto da consulta, adota-se como premissa que as redes sociais, por suas próprias limitações, não serão chamadas a avaliar a ocorrência ou não de crimes. Mas isso não significa dizer que possam permanecer inertes diante de conteúdos que tenham carga antissemita. A teoria das zonas de certeza positiva e negativa fornece um itinerário possível para densificar esse conceito e indicar quando as redes sociais terão o dever de retirar, de ofício ou por simples provocação dos ofendidos, sem necessidade de intermediação judicial, conteúdos ofensivos das redes sociais, sob pena de elas próprias poderem ser responsabilizadas.

18. Gustavo Binenbojm, *Uma teoria do Direito Administrativo*, pp. 226-227.

O antissemitismo, enquanto conceito jurídico indeterminado, possui textura aberta da qual se podem extrair zonas de certeza positiva e negativa (i.e., condutas que claramente se enquadram — ou não — no conceito), bem como zonas de indeterminação ou de penumbra.[19] Nas zonas de certeza, existem limites bem definidos de alcance normativo, possibilitando um controle mais intenso da compatibilidade entre norma e prescrição.[20] Já nas zonas cinzentas, remanescem situações em relação às quais não se tem certeza sobre sua inclusão ou não no enunciado; nas quais se deve preservar uma análise casuística à luz da capacidade

19. Em relação aos conceitos jurídicos indeterminados, a estrutura normativa do antissemitismo é baseada em um núcleo (uma zona de certeza positiva de incidência da regra), uma área de penumbra (zona na qual a incidência da norma é questionável, havendo argumentos contra e a favor da incidência) e, por fim, uma zona de certeza negativa (na qual a não incidência é indubitável). Ver, sobre esse ponto da estrutura das normas jurídicas, Frederick Schauer, *Thinking Like a Lawyer*, segundo capítulo ("Rules"). Para um exemplo de aplicação dessa lógica, baseada na ideia da inevitável textura aberta da linguagem, ver: Herbert L. Hart, *The Concept of Law*, pp. 128-129.

20. Um exemplo de zona de certeza negativa pode ajudar a esclarecer o ponto: "Cuidava-se, na espécie, de examinar se nomeado para uma Corte de Contas preenchia o requisito de notório saber, exigido pela Constituição. A exigência de 'um mínimo de pertinência entre as qualidades intelectuais dos nomeados e o ofício a desempenhar' representa, na verdade, o critério por meio do qual a Corte apartará os candidatos que possam deter o notório saber (tanto os que o detêm, como os que talvez o detenham), daqueles que manifestamente não o detêm. Dito de outra forma: se o indivíduo nomeado não exibia em sua formação e experiência profissional um *mínimo* de conhecimentos teóricos ou práticos exigidos para a função, ele *seguramente se encontrava na zona de certeza negativa do que é notório saber*" (Gustavo Binenbojm, op. cit., p. 237; grifou-se).

técnica de quem fará esse escrutínio, dentro da chamada margem de apreciação.[21]

A teoria das zonas de certeza auxilia na identificação de um consenso mínimo acerca do conceito de antissemitismo (zona de certeza positiva), em relação ao qual, considerando-se o exposto no Capítulo I deste livro, não se aplica a proteção constitucional do princípio da liberdade de expressão. A hipótese é, indiscutivelmente, de um discurso de ódio. De outro lado, deve-se reconhecer que interlocutores de boa-fé podem direcionar críticas a judeus sem a intenção de atacá-los pelo que são. Afinal, como as definições apresentadas no tópico anterior indicam, nem toda crítica dirigida a judeus, ao Estado de Israel ou ao Judaísmo terá como razão fundante o ódio ou a repulsa. A partir dessas situações, é possível definir uma zona de certeza negativa, i.e., práticas que, indiscutivelmente, não devem ser enquadradas como antissemitismo. E, como se viu, algumas das conceituações apresentadas se preocupam não apenas com a definição da zona de certeza positiva, mas também com a definição da zona de certeza negativa.

Nesse sentido, à luz do exposto (e dos exemplos que se seguem), podem ser entendidos como zona de certeza positiva de antissemitismo discursos que, por exemplo, fazendo referência (1) a um judeu enquanto tal ou a qualquer judeu indistintamente: (1.a) agridam-no e/ou hostilizem-no, por meio de palavras e/ou qualquer espécie de símbolo,[22] por sua

21. Ibid., pp. 234-235.

22. Considera-se aqui não apenas a escrita, mas qualquer tipo de imagem, vídeo ou forma de se expressar nas redes sociais.

crença, cultura, identidade, história ou relacionamento com o Estado de Israel; (1.b) atribuam a ele responsabilidade — com base em mero preconceito — por acontecimentos negativos fantasiosos (teorias conspiratórias) ou reais, vinculados ou não ao Estado de Israel; (1.c) neguem a ele tanto seu direito à autodeterminação como judeu quanto seu direito a um Estado. São, ainda, discursos de ódio aqueles que, fazendo referência (2) ao Estado de Israel: (2.a) preguem sua destruição ou desfazimento; e (2.b) tratem esse Estado de maneira diferente, depreciativa, apenas por ser um Estado judaico.

Por sua vez, podem ser entendidos como zona de certeza negativa de antissemitismo discursos que, por exemplo, (i) veiculam críticas direcionadas ao atual governo israelense e/ou a políticas que ele promove (ou promoveu); (ii) apoiam o pleito palestino por justiça, direitos políticos, nacionais, civis e humanos; (iii) suscitam questionamentos com relação à divisão territorial de Israel e ao tratamento dispensado a palestinos e a não israelenses que convivem com as forças institucionais do Estado de Israel; (iv) defendam formas não violentas de protesto e/ou acordo político contra Israel; (v) apresentam discordância não violenta com relação a ideias sionistas.

As dificuldades surgem, justamente, nas zonas de incerteza, nas quais não é possível definir, de antemão, que condutas devem ou não ser enquadradas como antissemitas para, consequentemente, estarem ou não abarcadas pela tutela constitucional da liberdade de expressão. Nessas hipóteses, a manifestação *não* pode, à primeira vista, ser considerada um discurso de ódio nem ficar fora da proteção constitucional da liberdade de expressão.

Para esses casos, é fundamental não apenas uma análise cuidadosa da conduta (postagem e/ou comentário), mas também a observância a determinados critérios relacionados: (i) à intenção e aos motivos do agente (houve culpa ou dolo de ofender?); (ii) às circunstâncias nas quais o discurso foi proferido e à probabilidade de que a manifestação conduza a atos de violência;[23] e até (iii) ao grau de dor psíquica que a difusão da manifestação poderá causar (que efeitos podem ser gerados na população judaica ou na pessoa judia diretamente afetada pela postagem e/ou comentário?).[24]

Em suma, como já amplamente desenvolvido aqui, manifestações de cunho antissemita (zona de certeza positiva) *não* estão abarcadas pela proteção constitucional da liberdade de expressão, representando mero discurso de ódio. Por sua vez, as manifestações que *não* sejam antissemitas (zona de certeza negativa) e aquelas sobre as quais há dúvida a respeito de seu enquadramento no conceito de antissemitismo (zona de incerteza) estão, *a priori*, abarcadas pela proteção constitucional da liberdade de expressão. Ilustrativamente: a defesa da extinção do Estado de Israel e de seus habitantes é uma manifestação antissemita; mas a crítica ao primeiro-

23. Ainda que postagens na internet possam facilmente ser "pinçadas" de um contexto para outro, elevando a complexidade de aferição desse critério, deve-se observar, por exemplo, se trata-se de um contexto de debate acadêmico ou de relato pessoal.

24. Nesse sentido, conferir *standards* propostos pelo doutor em Direito Público Rafael Koatz, considerando, naturalmente, que o meio de propagação de discursos aqui analisado (redes sociais) não havia se desenvolvido inteiramente à época das conclusões do autor e nem sequer foi objeto de seu estudo. Cf. Rafael Lorenzo-Fernandez Koatz, *Discursos ofensivos e de incitação ao ódio*.

-ministro do Estado de Israel é uma manifestação que *não* é antissemita; já a defesa de boicotes, de desinvestimentos e de sanções dirigidos ao Estado de Israel não poderia, *a priori*, ser enquadrada em uma das zonas de certeza do conceito de antissemitismo — observada, sempre, a ressalva de que, nesses casos, é imprescindível a avaliação, a partir de critérios contextuais, e da intenção da postagem, assim como de seus efeitos.

Há uma ampla gama de possibilidades entre as zonas de certeza, o que faz com que, nas zonas de incerteza, a classificação de certa manifestação como antissemita demande uma análise caso a caso. De toda forma, a teoria dos conceitos jurídicos indeterminados oferece uma ferramenta para auxiliar na solução de dúvidas que possam existir quando da decisão sobre derrubar ou não um conteúdo. Trata-se de um caminho que protege a liberdade, mas que também, com maior segurança, resguarda o dever de rejeição ao discurso do ódio e ao racismo antissemita.

***

Em 2002, eu tinha trinta anos e estava fazendo estudos de pós-graduação na Universidade Yale. No Brasil, o Supremo Tribunal Federal iniciava o julgamento do Caso Ellwanger, no qual o futuro do antissemitismo no país seria traçado, ao menos do ponto de vista jurídico. O relator original do *habeas corpus*, ministro Moreira Alves, proferira um voto concedendo a ordem para absolver Ellwanger do crime de racismo. O argumento, como já visto, era especioso: se os judeus não eram uma raça, discriminá-los não seria racismo.

Em dado momento, porém, o presidente da Corte, ministro Maurício Corrêa, pediu vista e interrompeu o julgamento.

Embora à distância, acompanhei o desenrolar do processo como pude. Publiquei um artigo no *Jornal do Brasil*, cujo título era "O racismo e a leitura da Constituição".[25] Nele, sustentei o que penso até hoje: o fato de os judeus não serem uma raça não desqualifica o crime de racismo por antissemitismo. Afinal, é o racista, em suas maquinações doentias, que *racializa* as suas vítimas. Tanto assim que a comprovação científica de que não existem raças humanas não pôs fim à prática do crime de racismo. Mas isso ainda não estava claro para o Supremo.

Foi aí que entraram em cena dois personagens decisivos. O primeiro, Maurício Corrêa, um ex-político nomeado em 1994 ao STF pelo então presidente Itamar Franco; o segundo, Celso Lafer, ex-chanceler do presidente Fernando Henrique Cardoso e professor titular das Arcadas — a Faculdade de Direito do Largo de São Francisco, da Universidade de São Paulo (USP). Corrêa, que não era jurista de ofício, pediu ajuda a Lafer. Corrêa tinha leitura de situação e percebeu que o caso requeria uma mobilização da opinião pública. Engendrou, então, a participação de Celso Lafer no julgamento como *amicus curiae*, uma espécie de *expert witness*, i.e., um perito que daria seu testemunho à Corte. Lafer não só elaborou um parecer histórico, como também trouxe para o caso o parecer de Miguel Reale Júnior, titular de

25. Gustavo Binembojm, "O racismo e a leitura da Constituição", *Jornal do Brasil*, 19 abr. 2003.

Direito Penal da USP. Ambos defenderam com brilhantismo que o antissemitismo configurava, na ordem jurídica brasileira, crime de racismo. O STF acolheu a tese por oito votos a três, tendo Maurício Corrêa como redator designado para redigir o acórdão. Terminado o julgamento, Lafer foi cumprimentar o presidente do tribunal pelo resultado. Corrêa, então, lhe disse: "Era o mínimo que eu poderia fazer pelo nosso povo. Sou cristão-novo."

3. Antissemitismo recreativo e humor judaico

"Carlos, você sabe quantos judeus cabem num Fusca?"
"Sei lá. Suponho que cinco."
"Não, Carlos! Cabem cinquenta e cinco. Cinco nos bancos e cinquenta nos cinzeiros!"

Carlos Binenbojm era meu pai. Tenho ainda viva na memória a tarde em que o encontrei cabisbaixo, debruçado sobre os blocos de anotações nos quais fazia resumos infindáveis dos livros em que estudava. Nessa fase devia ter uns quarenta e poucos anos. Dividia-se entre a função de militar-dentista, pela qual chegou até a atender por quase dois anos povos indígenas da Amazônia, e seu consultório, situado no subúrbio carioca do Méier, onde meu irmão, minha irmã e eu nascemos e fomos criados. Procurando evoluir, meu pai ingressou num curso de pós-graduação em Ortodontia, na

Associação Brasileira de Ortopedia dos Maxilares (Abom). Foi ali, entre uma aula e outra, que foi submetido a esse episódio de antissemitismo recreativo.

Ele estava nitidamente abatido. Não era muito de se abrir, mesmo assim perguntei o que estava se passando com ele.

"Nada. Já passou."

"Passou o fato. Mas vejo que você ainda está lá, preso ao passado. O que houve de realmente grave, pai? Por que uma piada de mau gosto mexeu tanto com você?"

Então ele desabafou:

"Esse camarada nunca gostou de mim. No intervalo, estávamos todos tomando um café, ele se aproveitou do horário de descanso para divertir os colegas à minha custa. Contou a anedota, todos riram a valer e pronto. Fim da história."

"Como pronto, pai? Você não reagiu? Seu sangue não subiu?"

Com certa vergonha e dificuldade de expressão, papai confessou: esse fora o problema. Ele não apenas não havia conseguido reagir...

"Eu ri da piada como se não fosse comigo, levantei e fui embora. Agi como um covarde."

Meu avô paterno, chamado Gersz, e meu tio-avô, chamado Avrhum, vieram da Polônia para o Brasil no início da década de 1930, deixando suas famílias à espera de uma sinalização. Meu avô trabalhou por cinco longos anos sem falar uma palavra de português, mas conseguiu juntar o bastante para enviar à minha avó, que trouxe com ela, de navio, meu tio mais velho, Ichock. Amavam o Brasil, mas, diante da escassez das cartas dos parentes e das péssimas notícias que chegavam da Europa, minha avó adoeceu seriamente, vítima de neurose de guerra. Anos antes, ela e meu avô haviam tomado uma decisão radical: criar os filhos fora do Judaísmo. Meus pais e meus tios se tornariam *invisíveis* e, quando perguntados, diriam na escola e em ambientes sociais que eram cristãos ortodoxos. Embora soubessem de sua origem, meu pai e meus tios não foram criados na comunidade judaica nem foram treinados para desenvolver os escudos de defesa contra ataques antissemitas.

O autor do chiste lançou mão de um expediente de antissemitismo recreativo, que evoca características dos judeus que possam ser objeto de ironia, crítica, hipérbole ou outra figura de linguagem. Para Freud, o chiste seria sempre a expressão de um inconsciente agressivo que encontra na piada cordial a justificativa perfeita para a expressão de seu juízo de reprovação. A hostilidade acaba sendo neutralizada pela piada. O riso de sarcasmo de alguns corresponde à dor moral das vítimas. Por intermédio do truque propiciado pela anedota, o desapreço toma a forma do humor, permitindo que o antissemita se justifique dizendo: "Eu não sou antissemita, sou apenas um comediante!"

O paralelo com as piadas de racismo negro é imediato. Dizer que um negro, quando não faz à entrada, faz à saída, corresponde, com as devidas adaptações, a dizer-se que o judeu cumpre seus tratos: vende e entrega a mãe. Basta pensarmos com que finalidade esse tipo de anedota é contado, pois é possível imaginar um contexto em que o humor seja usado para fazer alguma crítica social ou política. Outra piada: no auge da crise de seu governo com a Suprema Corte de Israel, Benjamin Netanyahu voou para a Hungria para receber *coaching* (aconselhamento) do primeiro-ministro do país, Viktor Orbán. A crítica política aí é óbvia, bastando ver o modo como ambos têm agido para limitar os poderes de seus tribunais constitucionais. Assim, o líder húngaro já teria experiência em como controlar a Suprema Corte e poderia ensinar algo a Netanyahu. A ironia da piada reside no fato de que a comunidade judaica na Hungria é aquela em que o desejo de emigrar é o maior entre todas as comunidades judaicas da Europa, em virtude do antissemitismo crescente no país.

De outro lado, há uma série de anedotas que expressam apenas ódio e incitam hostilidades, quando não violência contra os judeus. Perguntar a diferença entre um judeu e uma pizza e dizer que esta última não grita quando vai ao forno não contém qualquer crítica social ou política. Expressa apenas, grosseiramente, um deleite íntimo de alguém por fazer referência às câmaras de gás dos campos de concentração e extermínio. Ao contrário dos Estados Unidos, onde a jurisprudência da Suprema Corte considera, desde 1969, que os discursos de ódio (aí incluídos os discursos racistas e antissemitas) estão protegidos pela Primeira Emenda,[1] aqui no Brasil a manifestação de preconceito ou discriminação contra judeus pode configurar crime. É claro que se trata de um crime que exige dolo específico, a depender do contexto

1. A Primeira Emenda da Constituição dos Estados Unidos trata das liberdades fundamentais do cidadão, como liberdade de religião, de expressão, de reunião, de imprensa etc.

e das circunstâncias, para restar configurado. Enquanto isso, nos Estados Unidos, apenas o risco de um *"clear and present danger"* (perigo claro e presente), isto é, o risco de que a manifestação descambe para uma violência clara e iminente, pode justificar a sua interdição.

É interessante entender como o humor judaico se desenvolveu como uma espécie de defesa contra o antissemitismo. O humor é a resposta redentora que conseguimos dar às peças que a vida nos prega. Como disse certa vez o brilhante Ziraldo, fazer humor não é fazer rir. O humor é uma visão crítica do mundo, enquanto o riso é somente o efeito libertador que ele provoca, pela revelação inesperada da verdade. A mera comicidade ofensiva, grosseira, voltada apenas para humilhar ou rebaixar alguém, simplesmente não é humor.

O humor judaico é uma narrativa que carrega essa mesma potência, traduzida na capacidade de alguém rir sinceramente de si mesmo. Ninguém ignora o mau uso que o Ministério da Propaganda do regime hitlerista fez de estereótipos contra os judeus, na sua cruzada buscando encontrar um bode expiatório para os problemas econômicos e sociais da Alemanha na década de 1930. Também se sabe que o racismo contra etnias minoritárias assume diversas feições, sendo uma delas a do *racismo recreativo*, como designado pelo jurista Adilson Moreira.[2] As piadas racistas contra negros e outras minorias têm um potencial danoso à autoestima de suas vítimas que não pode ser subestimado.

2. Adilson Moreira, *Racismo recreativo*.

O humor judaico, porém, representa uma virada de jogo do oprimido contra o opressor. Os judeus assumiram o protagonismo de sua história por intermédio do Estado de Israel, como também — e sobretudo — por meio de seus humoristas. Não apenas daqueles que se tornaram conhecidos do grande público, como Groucho Marx, Jerry Lewis, Woody Allen, Mel Brooks e Jerry Seinfeld, mas também dos contadores de anedotas amadores, que propulsionam uma tradição oral milenar. É como se, de modo inconsciente, estivessem a dizer: "Antes de vocês, riremos nós! Afinal, nossos traços são, acima de tudo, humanos."

A potência do humor afiado pode ter, de fato, um efeito libertador. Um padre católico pergunta a um rabino, com ironia: "Quando você, finalmente, vai comer uma carne de porco?" O rabino responde: "No dia do seu casamento, reverendo!" Logo no início de sua obra magna *Origens do totalitarismo*, Hannah Arendt conta uma anedota com esse poder cortante. "Quem foram os culpados pela Segunda Guerra?", alguém pergunta. "Os judeus e os ciclistas", é a resposta. "Mas por que os ciclistas?", volta o primeiro a perguntar. O interlocutor então responde com uma pergunta: "E por que os judeus?"

Jacob faleceu e estava tendo seu encontro inevitável com o Criador. Ao prestar suas contas, confessou, sem pudor, seu maior pecado: "Senhor, não mereço ir para o Céu! Cometi um pecado muito grave!" Um tanto assustado, Deus indagou: "Mas o que poderia ser assim tão grave?" Jacob, envergonhado, respondeu: "Meu filho converteu-se ao Cristianismo!" Então, do alto de sua bondade e sabedoria, o Criador consolou o pobre homem: "Pode entrar, filho. O meu também."

É possível haver humor judaico legítimo que não ofenda nem reproduza velhos estereótipos, talhados unicamente para disseminar ódio e espalhar desinformação. A intenção, o contexto e as circunstâncias, em cada caso, serão decisivos para separar o joio do trigo.

4. Israel pode errar (e ser criticado)

Os antissemitas reclamam que a interdição aos discursos de ódio e à hostilidade contra os judeus acaba por inibir a crítica aberta, robusta e plenamente informada ao Estado de Israel. Não creio que seja assim. Para dar o exemplo, eu mesmo farei críticas que considero legítimas, sem qualquer vestígio de antissemitismo. Afinal, Israel pode errar, no sentido de que tem *o direito de cometer erros*, como qualquer outro Estado, sem que tenha a sua existência permanentemente questionada ou ameaçada.

Vale lembrar o que estava escrito na Declaração de Independência de Israel, lida em 14 de maio de 1948 por David Ben-Gurion, primeiro chefe de Governo de Israel:

> *Nós declaramos que a partir do término do Mandato, à meia-noite, nesta noite de 14 para 15 de maio de 1948, e até o estabelecimento*

dos devidos órgãos eleitos do Estado em concordância com uma Constituição, a ser elaborada pela Assembleia Constituinte até o dia 1º de outubro de 1948, o atual Conselho Nacional deverá atuar como Conselho Provisório de Estado, e seu órgão executivo, a Administração Nacional, deverá constituir o Governo Provisório do Estado de Israel.

O Estado de Israel estará aberto à imigração de judeus de todos os países de sua dispersão; promoverá o desenvolvimento do país para o benefício de todos os seus habitantes; terá como base os preceitos de liberdade, justiça e paz ensinados pelos profetas hebreus; defenderá a total igualdade social e política de todos os cidadãos, sem distinção de raça, credo ou sexo; garantirá liberdade total de consciência, culto, educação e cultura; protegerá a santidade e a inviolabilidade de santuários e Lugares Sagrados de todas as religiões; e se manterá fiel aos princípios da Carta das Nações.

Aquela Assembleia Constituinte, que deveria ter aprovado uma Constituição até 1º de outubro de 1948, está *em mora* há mais de setenta e sete anos. Nas eleições gerais de 1948, foram eleitos cento e vinte parlamentares constituintes. A intenção, prevista na Declaração de Independência, era a de se elaborar uma Constituição escrita para o Estado de Israel. Mas não se logrou alcançar um consenso. Em 1950 foi editada uma *Lei de Transição* que continha o compromisso de edição de sucessivas "Leis Básicas" para o país. Apenas no governo do primeiro-ministro Yitzhak Rabin foram editadas de forma mais intensa algumas dessas leis, totalizando hoje quatorze "Leis

Básicas". Só que elas foram editadas como leis ordinárias e Israel até hoje não tem uma Constituição escrita.

A questão da identidade judaica e, de resto, do próprio Estado de Israel mais uma vez estão no centro do debate político israelense e das comunidades judaicas do mundo inteiro. Qual a natureza do Estado de Israel: é um Estado democrático ou um Estado religioso judeu? As suas decisões fundamentais se pautam na democracia e nas regras do Estado de direito, mas a concentração excessiva de poder nas mãos do primeiro-ministro pode comprometê-las. Israel orgulha-se de ser uma democracia constitucional a duras penas, já que sujeito a um estado permanente de guerra desde que se declarou independente. Mas qual a natureza, enfim, desse Estado, que oscila entre uma democracia parlamentar e uma autocracia de base teocrática?

A Torá nos dá uma resposta muito interessante. A certa altura, os israelitas deixam de ser uma família — os filhos de Jacob — para se tornar uma nação. No entanto, segundo o rabino Jonathan Sacks, há duas definições para a identidade judaica na Torá. A primeira é dada na mesa do *seder* ("jantar") de *Pessach*:[3] "Um arameu errante era meu pai. Ele desceu ao Egito e ali peregrinou. Eram poucos em número. E lá se tornou uma Nação." Já em *Shavuot*,[4] aos pés do Monte Sinai, antes de receber os Dez Mandamentos,

3. *Pessach* (Páscoa Judaica) é a festa em que se celebra a libertação dos judeus da escravidão no Egito e a sua saída de lá rumo à Terra Prometida.

4. *Shavuot* é a festa em que se celebra a entrega da Torá aos judeus, aos pés do Monte Sinai.

os judeus recebem uma nova identidade: "Se vocês me obedecerem plenamente e guardarem a minha aliança, então, entre todas as Nações, vocês serão o meu tesouro, porque toda terra é minha. Vocês serão para mim um Reino de sacerdotes e uma Nação abençoada."

Como conciliar a identidade de *Pessach* com a de *Shavuot*, se a Torá é uma só? Há duas maneiras pelas quais indivíduos se juntam para formar uma nação. A primeira se dá quando enfrentam um inimigo comum. Foi o que aconteceu com os israelitas no Egito. Eles eram escravizados e o seu sofrimento os forjou como um grupo num destino comum. A palavra em hebraico para esse ente coletivo é *am* ("povo"). Já no Sinai, os judeus se tornaram uma nação em um sentido completamente diferente. Eles se tornaram um corpo político, tendo a Torá como sua Constituição escrita. A palavra hebraica para isso é *edá* ("congregação"). Um *am* tem o seu destino traçado pelo que aconteceu no passado. Uma *edá* é definida pelo que é chamada a fazer no futuro. E Sacks arremata, lindamente: "Ser judeu é tanto pertencer a um *am* (um povo unido por um destino comum selado no passado) como a uma *edá* (uma comunidade que compartilha valores a serem realizados no futuro). Mais precisamente, é cumprir a jornada de um para a outra."

Ainda que o movimento sionista tenha restaurado a soberania do povo judeu como um *am*, um povo unido por um destino comum, a tarefa de transformá-lo numa *edá*, uma verdadeira comunidade de valores compartilhados, ainda está por ser realizada. Isso é o que Sacks intitulou, profeticamente, de "a jornada dos judeus rumo a um segundo

Shavuot".[5] A construção de Israel tendo "como base os preceitos de liberdade, justiça e paz ensinados pelos profetas hebreus" é uma obra em progresso. Talvez hoje, mais do nunca, seja preciso reconhecer erros para honrar essa promessa constitucional do Estado judeu. Israel enfrenta desafios domésticos e em suas relações internacionais. Apontar erros é certamente mais fácil do que enfrentá-los na prática. Mas nenhum problema é solucionado até que os erros que o geraram sejam reconhecidos.

No plano interno, vou focar a minha análise no funcionamento da democracia israelense. Israel hoje abriga cerca de 20% de cidadãos árabes, entre muçulmanos, drusos e cristãos. Eles contam com uma representação média no Knesset (o Parlamento israelense) de cerca de 10% das cadeiras. O sistema parlamentarista é multipartidário, e os governos se formam sempre por meio de coalizões. De modo geral, nos últimos anos, tem havido um claro predomínio dos partidos de direita em Israel. A instituição que faz um contraponto mais significativo a essa tendência política no país é a Suprema Corte.

De 1948 a 1995, a Suprema Corte de Israel não foi uma autêntica Corte Constitucional, atuando apenas como um tribunal final de apelações. Talvez por influência da Common Law desde o período do mandato britânico, prevalecia no país a ideia de supremacia do Parlamento. Em outras palavras, se o governo controlasse a maioria parlamentar, a ele caberia sempre a última palavra. Em 1995, no entanto,

5. Jonathan Sacks, "Jewry's Journey to a Second Shavuot", *Jewish Chronicle*.

a Suprema Corte, presidida pelo juiz Aharon Barak, deu uma guinada interpretativa. No julgamento do Caso Mizrahi Bank, a Corte declarou inconstitucional uma lei que perdoava dívidas de devedores dos bancos em face da Lei Básica de Liberdade e Dignidade. O caso foi julgado dias após o assassinato de Yitzhak Rabin e passou um tanto despercebido.

Esse caso ficou conhecido como "Revolução Constitucional". A Suprema Corte passou a julgar não apenas a legalidade dos atos do governo, mas também a constitucionalidade das leis aprovadas pelo Knesset. Desde então o equilíbrio de forças entre governo, Parlamento e a Suprema Corte foi alterado. As "Leis Básicas" ganharam estatura constitucional e a Corte passou a ter o poder de controlar os atos dos demais Poderes. A democracia israelense teria, a partir daí, um verdadeiro Tribunal Constitucional (Bagat), encarregado da proteção dos direitos fundamentais, inclusive das minorias. Afinal, nas palavras do juiz Aharon Barak, "uma democracia que não protege os direitos fundamentais é como um corpo sem alma".[6]

Em trinta anos de atuação como Tribunal Constitucional, a Suprema Corte remodelou o caráter da democracia israelense. A sua jurisprudência é composta de casos variados, que vão desde a proteção da plena liberdade de expressão e de imprensa (incluindo veículos que defendem a causa palestina e criticam severamente o governo de Israel); passando pela proteção de direitos de homossexuais e transexuais; e pela igual-

6. Aharon Barak, *The Judge in a Democracy*, p. 48.

dade das mulheres (incluindo a partilha justa de bens no divórcio e o direito de fazer orações no Muro das Lamentações, o Kotel); até a anulação de leis que permitiam o confisco de terras de palestinos. No plano político, a Corte determinou a alteração do traçado do muro que separa Israel da Cisjordânia (para proteger populações de aldeias árabes), impediu a posse de agentes políticos envolvidos em casos de corrupção e determinou que os filhos de famílias ortodoxas também teriam de se submeter ao serviço militar obrigatório.

Existe, hoje, uma grave crise entre o governo do primeiro-ministro Benjamin Netanyahu e a Suprema Corte. A Corte investiga o primeiro-ministro (e alguns dos membros de seu gabinete) por acusações de corrupção. Netanyahu demitiu o chefe do Serviço de Inteligência e a procuradora-geral, autoridades detentoras de mandato legal, mas a Corte os manteve no cargo. Uma lei que proibia os juízes de usar o critério da razoabilidade para controlar atos do governo e do Parlamento foi declarada inconstitucional. Finalmente, o Knesset aprovou uma lei que altera a forma de composição da Suprema Corte, lei que ainda não entrou em vigor porque depende de aprovação em referendo popular. Pela fórmula atual, as nomeações passam por uma comissão de seleção controlada virtualmente pelos próprios membros da Corte. Com a nova lei, essa comissão ficará sob o controle do governo que detiver a maioria parlamentar.

A reforma do Poder Judiciário israelense proposta por Netanyahu tem o potencial de obliterar a democracia no país. O avanço da coalizão de partidos de direita sobre as liberdades fundamentais — sobretudo as de minorias vulneráveis — é uma realidade. A perseguição a jornalistas e veículos de imprensa independentes já é algo recorrente. A captura do sistema de justiça parece ser o último obstáculo a ser transposto para que a separação de Poderes fique comprometida. Sem esse arcabouço institucional é improvável que a democracia israelense sobreviva.

No plano das relações internacionais, o governo de Benjamin Netanyahu criou a maior crise humanitária de que Israel já foi acusado em sua história. O desgaste de imagem é enorme. A animosidade contra israelenses e judeus em diáspora — injusta e oportunista — é inegável. Pior que isso é a perda da autoridade moral. A política externa de Netanyahu coloca Israel numa posição frágil no concerto das nações. Sua incapacidade de negociar um acordo de paz e a libertação dos reféns sequestrados no ataque terrorista promovido pelo Hamas, em 7 de outubro de 2023, tem provocado manifestações de milhares de israelenses em protestos pelas ruas do país.

Nada disso apaga que, naquele dia, Israel sofreu o pior *pogrom* desde a sua criação. O ataque foi o maior ataque a judeus desde o Holocausto, deixando um saldo de mil e trezentos civis mortos e centenas de reféns, torturados, humilhados e mantidos em condições desumanas. Israel tinha o direito de se defender e de revidar aos ataques contra o Hamas, o Hezbollah e o Irã. A guerra justa é um mal necessário, reconhecido pelo direito internacional. Israel tinha o direito de responder ao Hamas e retirá-lo do poder na Faixa de Gaza, depois do que aconteceu em 2023. Mas, ao declarar "que pretendia tornar a vida em Gaza impossível", Netanyahu não fez apenas bravata.

As baixas civis eram inevitáveis quando Israel respondeu aos Hamas, de acordo com o direito internacional. Contudo, vale lembrar, o que diferencia a guerra de um genocídio é o fim: na primeira, o objetivo é a vitória; no segundo, o extermínio. Depois do término do cessar-fogo que suspendeu as operações, em meados de 2025, foi reduzida a entrada de ajuda humanitária em Gaza, e obtê-la tornou-se uma empreitada difícil e perigosa. Cruzar as linhas militares e percorrer a pé longas distâncias impõe extrema dificuldade para idosos, doentes e crianças. Sobreviver nessas condições é desumano. Grupos como Hamas, Al-Qaeda e Estado Islâmico acreditam que o martírio de civis inocentes contribui para a sua causa, e Israel está dando isso de presente aos terroristas. No entanto, ainda que assim não fosse, ao assumir o controle de Gaza, Israel passou a ter obrigações legais e morais na região. A primeira delas é com a vida das pessoas. Como disse certa vez o jornalista Pedro Doria, "o Judaísmo criou a tradição mais humanista das três religiões do Livro. Não pode o governo de Israel matar seres humanos de fome. É desumano. Cruel. É antijudaico".[7]

Israel precisa liberar imediatamente os corredores humanitários de acesso à população no norte de Gaza, parar a destruição da infraestrutura da região e voltar a negociar um cessar-fogo. No momento em que escrevo — setembro

7. Pedro Doria, "A fome em Gaza", jornal *O Globo*, 29 jul. 2025.

de 2025 —, vinte e dois países-membros da Liga Árabe e os vinte e sete países-membros da União Europeia exortaram o Hamas a depor suas armas, libertar os reféns restantes e entregar o controle de Gaza. Israel deve entender que seu papel como potência regional é liderar a reconstrução de Gaza e exigir que um novo governo ali se estabeleça com compromissos em relação à paz e à democracia.

Adicionalmente, será necessário reconhecer o Estado Palestino, desde que este reconheça o Estado de Israel, como já fez a Autoridade Palestina, sediada na Cisjordânia. Nenhuma ideia de ocupação e anexação da Faixa de Gaza deve prosperar, na esteira do mau exemplo de lideranças extremistas, caso de Vladimir Putin, presidente da Rússia. O direito de autodeterminação dos povos, que legitimou a própria criação do Estado de Israel, deve levar Israel ao reconhecimento do Estado da Palestina.

***

Em 2018, estive em Israel pela segunda vez. Lá visitei as colinas de Har Adar, situadas numa região próxima a Jerusalém. Ali há um pequeno memorial, com tanques e algumas fotos, que relembram a Guerra dos Seis Dias, na qual se confrontaram israelense e árabes em junho de 1967. Numa das fotos, uma cena emocionante: quando o Exército israelense reconquista a cidade velha de Jerusalém e alcança o lado ocidental do Muro das Lamentações, os soldados deixam de lado as armas e se põem a rezar. Em 2013, foi igualmente emocionante ver as mulheres do movimento Women of the Wall (Mulheres do Muro) chegando ao local, entoando orações, ornadas com seus objetos litúrgicos, para ali rezar em igualdade com os homens. O primeiro evento foi obra das Forças de Defesa de Israel. O segundo foi obra da coragem moral da sua Suprema Corte.

Para se defender uma nação, é preciso um Exército. Mas, para se construir uma grande nação, é preciso coragem moral — aquela que nos indica a coisa certa a fazer, mesmo quando agir do modo errado pareça mais conveniente.

PARTE III

CONCLUSÕES: COMO DESESTRUTURAR UM MAL ESTRUTURAL

1. Racismo estrutural e antissemitismo estrutural: aproximações possíveis e diferenças contingentes

A literatura especializada costuma identificar o racismo em três dimensões: individual, institucional e estrutural.[1] O racismo individual seria aquele verificado no plano das relações interpessoais, quando a hostilidade em razão da raça é considerada uma questão privada, individual e pontual. O racismo institucional é manifestado no plano das instituições, públicas e privadas, traduzindo-se em normas formais ou informais que refletem o racismo. Finalmente, o termo "estrutural" procura captar uma presença pervasiva e arraigada nas relações sociais, com ênfase no caráter coletivo,

1. Silvio Almeida, *Racismo estrutural*.

onipresente e de autonegação. A maior parte dos autores da área procura lastrear suas hipóteses de trabalho ora no pensamento de Marx, ora no de Freud (ou em diferentes correntes da psicanálise).

Em ambos os casos, o racismo é tido como algo estrutural, ou seja: a sociedade, como um todo, é racista, por força das relações de dominação e exclusão, que se retroalimentam. A ênfase de Marx reside na infraestrutura da economia capitalista, sua organização da sociedade em classes e no seu papel determinante sobre a superestrutura dela derivada. O racismo seria, assim, um epifenômeno do capitalismo, agravado pela cultura neoliberal, de dominação de classes. A manutenção da subordinação racial serve ao propósito de manutenção da estrutura de opressão das elites brancas sobre negros, indígenas e outras minorias étnico-raciais.

Freud acrescenta a tudo isso as suas categorias psíquicas, em especial o conceito de inconsciente. Haveria, também nesse caso, uma estrutura interna a dar suporte ao racismo no âmbito coletivo, pois as ideias racistas estariam entranhadas no nosso inconsciente, sendo mantidas em circulação por um conveniente processo de dominação cultural. Negar o racismo internalizado em todos nós seria o equivalente a negar nossos traumas e emoções recalcadas desde a infância.

Não reconheço nas obras de Marx e Freud nenhum valor canônico. A meu ver, ambos produziram uma hermenêutica sobre as relações humanas, ora mais ora menos plausível. Hodiernamente, existe até mesmo certo consenso no mundo das ciências sociais de que as teses marxistas e freudianas não têm valor científico, no sentido de que, em sua maioria, não se sujeitam ao teste de falseabilidade. Dito isso, entendo que algumas das hipóteses aventadas por esses autores são plausíveis. Com efeito, nem tudo que contribui para o entendimento e o conhecimento humanos precisa passar pelos testes da ciência. Há conhecimento objetivo nas ciências sociais a partir de hipóteses dedutivas, desde que guardem alguma conexão demonstrável com a realidade. Afirmações desprovidas dessa conexão é que são meras abstrações ou puras especulações filosóficas.

O racismo estrutural é uma hipótese muito plausível. Os números de exclusão social das minorias raciais, seus impactos desproporcionais e suas consequências sistêmicas são comprováveis. Os dados clínicos relativos às consequências funestas sobre a saúde mental das minorias também são verificáveis por profissionais habilitados. Por fim, a experiência histórica mostra a existência sustentável ao longo do tempo de práticas de discriminação e subordinação social. Não parece fazer sentido atribuir ao comportamento individual, de pessoas determinadas, a origem do racismo. Já quanto às instituições, elas parecem refletir algo que as antecede logicamente, a saber, uma estrutura social e política que incorpora e naturaliza relações racistas.

O antissemitismo também exibe uma dimensão estrutural, ainda que com algumas diferenças em relação ao racismo estrutural. Primeiro, a cor da pele, a textura do cabelo e os traços fisionômicos, como características fenotípicas, identificam negros e outras minorias étnicas, impondo-lhes uma posição de subordinação (construída socialmente) que não tem como ser *contornada*. Uso o termo "contornada" como força de expressão, para designar a impossibilidade de a identidade ser escondida ou apagada. Já os judeus, em seu longo itinerário de perseguições e discriminações, tiveram de passar por processos de *invisibilização*, mediante conversões religiosas, mudanças de nomes, assimilações culturais e abandono forçado de seus costumes. Não se trata de comparar as situações em termos de nível de crueldade. Trata-se apenas de reconhecer diferenças. Mas se, de um lado, a alternativa do disfarce garantiu aos judeus, em alguns casos, a própria sobrevivência, a aniquilação da identidade foi, como ainda é, uma espécie de morte em vida.

A segunda diferença também relevante tem a ver com aspectos socioeconômicos. Embora haja judeus de todas as classes sociais, as comunidades judaicas costumam prosperar coletivamente quando o ambiente social não lhes é hostil. Ao longo dos séculos, nos campos da ciência, da cultura, das artes e dos negócios, judeus têm contribuído para o desenvolvimento das sociedades em que são bem recebidos. Isso, obviamente, também acontece com outros povos espalhados pelo mundo, com talentos e habilidades igualmente notáveis. Por certo, não há comparação com povos que sofreram processos de deportação e escravização recente, como foi o caso de negros e indígenas nas Américas. O racismo estrutural, nessas sociedades, constituiu o próprio caráter nacional desses países, como afirmou nosso jurista Joaquim Nabuco em relação ao Brasil.

Lembro-me de uma passagem do livro *Americanah*, da grande escritora nigeriana Chimamanda Ngozi Adichie, no qual a protagonista afirma a impossibilidade de igualar todos os racismos, dizendo que "no ódio aos judeus também há a possibilidade da inveja, e nós temos que admitir que certo respeito, ainda que de má vontade, acompanha essa inveja. No ódio aos negros norte-americanos não há inveja".[2] Com efeito, os fenômenos têm aspectos singulares e, como já registrei, não pretendo aqui compará-los em termos de gravidade. Dito isso, há que reconhecer algumas aproximações importantes entre os dois fenômenos sociais que podem gerar empatia e despertar a necessidade de uma educação coletiva.

A expressão "diáspora negra", por exemplo, foi inspirada na diáspora judaica, ocorrida depois da destruição de Jerusalém, nos massacres romanos de 66-72 d.C., com a expropriação do Estado nacional judaico e o posterior espalhamento dos judeus pelo mundo. Não se pode esquecer, também, que os judeus foram escravizados por egípcios, babilônicos, romanos e, mais recentemente, por nazistas em campos de trabalho forçado. A perda gradual de direitos, de seus bens e, por fim, de sua condição humana tem mórbida semelhança com a escravização em massa de outras minorias.

Veja-se ainda que a teoria científica das raças e o darwinismo social criaram um antissemitismo racial que subsiste até hoje em muitos círculos. Ver os judeus como raça inferior fez parte da construção do mito da superioridade racial ariana no passado que ainda alimenta a supremacia branca. Até mesmo os mitos racistas que povoaram o imaginário de antissemitas, como o suposto mau odor dos judeus (*foetor*

2. Chimamanda Ngozi Adichie, *Americanah*, p. 163.

judaicus), acabaram sendo repetidos contra os negros, como um indicativo de sua subalternidade. Também é possível estabelecer paralelos entre o vocabulário racista — naturalizado no verbo *denegrir* e na expressão *a coisa está preta*, para ficar em dois exemplos — com termos de origem nitidamente antissemita, como *judiação*, *judiaria* e o verbo *judiar*. Não se trata, por óbvio, de criminalizar essas expressões, mas apenas de desvelar o sentido oculto que carregam para alertar as pessoas sobre aquilo que falam ou escrevem. Aqueles que pregam a supremacia branca ainda discriminam e excluem os judeus de seus círculos, salvo os que, entre estes últimos, optam pela assimilação e pela *invisibilização*. Mas, mesmo estes sabem que, a qualquer momento, algum racista pode invocar uma suposta superioridade como estratagema para humilhá-los, subordiná-los ou excluí-los.

O racismo religioso também guarda semelhanças notórias com o antissemitismo. Como já destacado neste livro, as especificidades da religião judaica foram, ao longo da História, pretexto para um ódio atávico aos judeus. A demonização e a invenção de mitos malignos, desde o Cristianismo primitivo, passando pela Idade Média até a Modernidade, foram material constante de um inconsciente coletivo marcadamente antissemita. O racismo religioso contra negros e indígenas foi construído a partir da mesma dinâmica social. Associar orixás e divindades dos povos africanos e originários ao demônio ou a espíritos impuros nos remete à mesma mitologia criada contra os judeus. O desprezo espiritual por esses povos desenvolveu, ao longo dos séculos, uma espécie de antissemitismo espiritual. O mesmo monopólio da salvação cristã que demonizou judeus hoje demoniza as religiões de matriz africana e indígena no Brasil.

Isso significa que, tanto em um como em outro caso, existe uma hostilidade estrutural na sociedade, plantada desde tempos imemoriais e reproduzida, geração após geração, contra essas minorias sociais. No caso do antissemitismo, todavia, a sua *estruturalidade* tem contornos singulares. O progresso social e econômico de muitos judeus angaria admiração, mas também inveja por parte dos antissemitas. Como dizia Freud, a inveja talvez seja a forma mais sincera de admiração. Por outro lado, o destaque de alguns judeus nos campos da ciência, da cultura e dos negócios alimenta os velhos mitos de que a comunidade judaica participa de algum complô para dominar o planeta, apesar de somarem apenas 15 milhões num mundo de quase 8 bilhões de seres humanos, representando, portanto, somente cerca de 0,19% da população mundial.

Ademais, a característica da preservação da própria identidade, de seus costumes e cultura atrai aos judeus, ainda hoje, um preconceito de que seriam um grupo fechado, isolacionista e sectário, o que não corresponde à realidade da maioria expressiva. Ainda assim, a minoria mais ortodoxa da comunidade judaica não atua de forma proselitista nem missionária, muito menos se envolve em atos de hostilidade contra outros grupos. A postura mais reservada pode ser entendida como um instinto de autopreservação, diante de um histórico de perseguições ou do temor da perda da identidade.

Hoje temos o Estado de Israel. É interessante observar como o antissemitismo se transmudou no antissionismo, a partir do momento em que os judeus passaram a ter um lar nacional, em comparação com o risco de apatridia ao longo de dois mil anos. Mais ainda: a partir do momento em que passaram a ter um governo e forças de defesa capazes de protegê-los contra as ameaças constantes que sofrem. Nada assim tão diferente de outros povos que contam com a mesma proteção de seus Estados nacionais. O que há de novo, para o desapontamento de alguns, é o fato de Israel ter se tornado um Estado capaz de defender o seu povo.

O antissemitismo estrutural opera no nível de juízos diferenciados sobre o Estado de Israel, como se aos cidadãos israelenses não se reconhecessem os direitos básicos dos cidadãos de outros países. É como se, para serem bem-vistos, eles precisassem continuar vulneráveis. É impossível esquecer o comentário jocoso de uma famosa jornalista brasileira ao questionar, em rede nacional, por que os milhares de mísseis, drones e bombas lançados recentemente pelo Irã sobre Israel só produziam *uma mortezinha ou outra*. A resposta é fácil: porque Israel, em seus setenta e sete anos de existência, sempre usou boa parte de seus recursos para proteger seus cidadãos com as mais modernas tecnologias de defesa. Difícil é entender a pergunta.

O que a jornalista acabou por dizer, talvez sem perceber, é que era uma *má notícia* tantos morrerem de um lado, e tão poucos morrerem do outro. Esse absurdo foi agravado por um pedido de desculpas esfarrapado, lido por outro jornalista, no qual a jornalista afirmava ter *se expressado mal*. Não compreendi o episódio nesses termos. A meu sentir, ele não difere em nada de tantos casos de racismo estrutural que, infelizmente, estamos acostumados a testemunhar no Brasil. O menosprezo pelo valor da vida dos judeus não é aceitável, nem justificável sob qualquer ponto de vista, assim como não é aceitável a desvalorização de qualquer outro grupo humano. Tendo agido com dolo (intenção de ofender) ou culpa (descuido, imperícia ou ato falho vocabular), a jornalista protagonizou um episódio explícito de antissemitismo estrutural.

Por último, mas não menos importante: a hostilidade adquiriu na internet uma dimensão exponencial, não sendo exagero falar-se num antissemitismo algorítmico. Experimentem procurar em alguma rede social pelo conflito em Gaza. Imediatamente o algoritmo oferecerá uma enxurrada de postagens de ódio contra Israel e os judeus, mais amplamente. Chega a assustar como as postagens de hoje reproduzem, com incrível semelhança, a propaganda antissemita do regime nacional-socialista alemão, sob a liderança do seu ministro da Propaganda, Joseph Goebbels. Hoje, como naquele tempo, a estigmatização procura alcançar não apenas uma massa de seguidores por meio do "efeito manada", mas também uma camada mais profunda de formadores de opinião. Os estereótipos, as caricaturas, as teorias conspiratórias e as campanhas de desinformação são muito semelhantes. O que mudou foi a avassaladora capilaridade das redes sociais e seu alcance global.

É claro que a dinâmica aqui é igual à do racismo algorítmico: o engajamento é produzido pela incitação às posturas extremadas, ao radicalismo e a instintos primitivos. Isso é, atualmente, quase um consenso entre estudiosos do tema.

O que desperta curiosidade é por que não se reconhece que o antissemitismo pertence à mesma lógica. A razão é simples: como hoje existe Israel e os judeus voltaram a ser vistos como *bode expiatório* de todos os males da humanidade, a mão invisível do algoritmo que tudo explica *não* serve para explicar o antissemitismo.

Como visto no Capítulo II, a internet liberou a manifestação de ressentimentos e instintos humanos muito antigos que ganharam em nosso tempo um novo elã. As campanhas de cancelamento e linchamento podem alcançar dimensões assustadoras, como foi o caso da minoria muçulmana Rohingya, em Mianmar, vítima de um verdadeiro genocídio promovido com disseminação de ódio e incitação à violência por intermédio de uma rede social. Como exemplo disso, em 2014, um monge budista e antimuçulmano chamado Ashin Wirathu fez uma postagem afirmando que uma menina budista havia sido estuprada por muçulmanos. Essa postagem viralizou no Facebook. Dias depois, uma multidão atacou os acusados e duas pessoas morreram. A polícia, posteriormente, esclareceu o caso e demonstrou que a acusação fora inventada.

A escalada de violência contra muçulmanos em Mianmar foi catapultada pelo Facebook, que reconheceu não ter sido capaz de evitar o uso da plataforma digital para incitar o genocídio. Não à toa, as legislações da União Europeia (o Digital Service Act) e do Reino Unido (o Online Safety Act) passaram a prever que as empresas digitais de grande porte têm um dever de cuidado quanto à prevenção de riscos sistêmicos contra direitos humanos em suas redes sociais. Esse dever de cuidado também foi proclamado no Brasil, em 2025, pelo Supremo Tribunal Federal. Além disso, aqui a falta a esse dever com relação a discursos racistas e antissemitas sujeita as plataformas à responsabilização, quando cientes do conteúdo ilícito, pelos danos causados às vítimas. Refugiados muçulmanos de Mianmar, da comunidade Rohingya, ingressaram com uma ação contra o Facebook numa Corte da Califórnia pedindo indenização de 150 bilhões de dólares pela omissão da empresa na moderação das postagens que resultaram no extermínio em massa de membros da comunidade.

Os argumentos expostos até aqui demonstram, a meu ver, que a existência do antissemitismo estrutural é uma hipótese muito plausível. Isso, por evidente, não atenua a gravidade dessas manifestações, nem mitiga a responsabilidade dos agressores. O que a tese sustenta é que a hostilidade contra os judeus é uma espécie de registro atávico no inconsciente coletivo da humanidade — um *bode expiatório* pronto na prateleira — que costuma se manifestar em situações individuais ou coletivas de crise. No plano das relações interpessoais, basta alguém ter alguma desavença com uma pessoa judia para que os estereótipos venham à baila, como se um eventual erro pudesse ser reconduzido a um problema da personalidade, da educação ou da natureza judaica. No plano das relações comunitárias, os judeus sofrem com imputações falaciosas e acusações de culpas coletivas sempre que as coisas não vão bem, seja na política interna, na economia ou nas relações internacionais.

O antissemitismo circula na corrente sanguínea da humanidade tanto quanto o racismo. Ambos são fenômenos estruturais. A manifestação antissemita apenas acontece, concreta e individualmente, porque a sociedade é antissemita, tanto quanto é racista. Se os racistas imputam aos negros um *defeito de cor*,[3] os antissemitas imputam aos judeus um *defeito de alma*.

3. Ana Maria Gonçalves, *Um defeito de cor*.

2. Não basta *não* ser antissemita: o letramento anti-antissemita

Pior que o ódio dos antissemitas é a indiferença das demais pessoas. Lavar as mãos diante da injustiça cria uma falsa sensação de segurança por não sermos nós o alvo do ataque. Mas, como ensina a História, cesteiro nunca faz apenas um cesto, pois tendo cipó e tempo, acaba por fazer um cento. O ódio que se inicia com os judeus nunca termina com os judeus. Não escrevo isso em tom de ameaça, mas como uma advertência. O vírus existe, circula livremente na sociedade e tem o potencial de destruí-la. A única vacina de que dispomos contra ele é a educação responsável, baseada em informação confiável e de qualidade.

Precisamos implantar e difundir, no Brasil e no mundo, um letramento anti-antissemita. A premissa fundamental desse letramento é a de que a injustiça contra uma pessoa é uma injustiça contra todas as pessoas.[1] Por isso, tal como o racismo, o antissemitismo diz respeito a todos e deve ser combatido por todos. Esse não é um problema apenas dos judeus. A segunda premissa é a noção de que os judeus participam ativamente como cidadãos da vida comunitária e devem ser ouvidos na construção da cartilha desse letramento. O *lugar de fala* não significa ter monopólio do discurso, e sim direito a ter voz no debate público.[2]

Alinho aqui algumas informações elementares para a educação anti-antissemita:

1. Embora creiam na existência de um único Deus, os judeus não acreditam ter o monopólio da salvação. Portanto, o Judaísmo não é uma religião missionária nem proselitista, porque as pessoas podem alcançar realização, felicidade ou, se preferirem, a salvação, por meio de condutas justas — sem serem judias nem tampouco religiosas. Nas palavras da rabina norte-americana de ascendência coreana Angela Buchdahl, "Deus está mais preocupado com a forma como você se comporta do que com naquilo em que você acredita". Os judeus

1. Atribui-se a Charles-Louis de Secondat, o Barão de Montesquieu, a frase "a injustiça que se faz a um é uma ameaça que se faz a todos". Em 1963, na mesma linha, Martin Luther King Jr. declarou: "A injustiça que ocorre em um lugar é uma ameaça para a justiça em todos os lugares."

2. Djamila Ribeiro, *Lugar de fala*.

entendem que há dignidade na diferença,[3] sendo a diversidade uma riqueza da humanidade.

2. Judeu é, hoje em dia, aquele que nasce de mãe judia ou que, voluntariamente, se converte ao Judaísmo, de acordo com as suas leis e tradições. O pertencimento comunitário envolve obrigações e restrições. Assim, os pretendentes à conversão devem refletir seriamente sobre essa escolha. Se ainda assim quiserem se converter, isso significará que a alma daquela pessoa é judia, como a dos demais judeus. Mas, como dito, ninguém precisa se converter ao Judaísmo para ser salvo nem para garantir acesso ao mundo vindouro.

3. Os judeus acreditam na igualdade entre todos os seres humanos. A ideia de povo escolhido ou povo eleito, na tradição judaica, tem mais a ver com obrigações do que com direitos. Na verdade, mais do que escolhidos ou eleitos, os judeus escolheram o seu caminho. Para o Judaísmo, a missão dos judeus é contribuir para tornar o mundo mais humano, e não mais judaico.[4] Reparar o mundo das suas injustiças deve ser uma missão de todos, mas cada um procura realizá-la do modo como a percebe e compreende. Também aqui existe igualdade na diversidade. Somos iguais no valor, embora diferentes na forma de expressá-lo.

3. Jonathan Sacks, *The Dignity of Difference*, p. 31.

4. A frase, nesses termos, foi dita pelo rabino Henry Sobel, mas reflete os ensinamentos do Judaísmo de maneira mais difusa.

4. O amor ao próximo — judeu ou não judeu — é um dever fundamental do Judaísmo. O rabino Hilel, que viveu entre 60 a.C. e 10 a.C., dizia: "Não faze ao teu próximo o que não gostaria que fizessem a ti — nisto consiste toda a lei. Agora vá e estude." O mandamento "amai o vosso vizinho", contido na Torá (Antigo Testamento ou Pentateuco), é a expressão bíblica desse ensinamento. O Cristianismo e o Islamismo se nutriram dessa mesma raiz, tendo se tornado religiões novas a partir da tradição judaica.

5. A Torá, os Livros dos Profetas e os de Sabedoria retratam os judeus como seres humanos falíveis e imperfeitos, conforme todas as demais pessoas. Isso não os torna piores nem, obviamente, melhores do que ninguém. A identidade judaica incorpora e reconhece os erros como parte do caminho humano de aprendizado e de reparação do mundo.

6. Os judeus entendem que Jesus de Nazaré nasceu e morreu como judeu. Ao mesmo tempo, entendem e respeitam as religiões que o consideram Deus, o Messias, um profeta importante ou um espírito evoluído. Em termos históricos, é implausível que um povo sob domínio do Império Romano pudesse decidir, coletivamente, pela condenação de um rebelde judeu, como foi Jesus. Fontes judaicas sustentam que o mais provável é que a autoridade romana tenha condenado Jesus à crucificação (uma pena romana), por vê-lo como uma ameaça à estabilidade política do império. Ainda que alguns

sacerdotes judeus possam ter sido consultados, a decisão era dos dominadores. Seja como for, isso jamais poderia ter se tornado uma acusação de culpa coletiva dos judeus por deicídio. A própria Igreja Católica se retratou dessa injusta acusação e considera os judeus "irmãos mais velhos" dos cristãos.[5]

7. A ideia de que existem raças humanas foi uma invenção do século XIX que perdurou até meados do século XX. Hoje sabemos que existe apenas uma raça: a raça humana. Não obstante, o antissemitismo é uma forma de racismo, pois a raça inferior existe na cabeça do racista. Os judeus são um povo dotado de notável diversidade étnica: há brancos, pardos e negros. A identificação do judeu com o baixinho narigudo e de olhos claros é um estereótipo criado pelo antissemitismo europeu. Tal como o racismo contra negros e outras minorias, o antissemitismo também se vale do cardápio de falácias raciais para estigmatizar e inferiorizar. A naturalização de expressões racistas no vernáculo — como o verbo *denegrir* e a gíria *a coisa está preta* — é tão deletéria quanto o uso de termos de origem antissemita, como *judiar*, *judiaria* e *judiação*. Não se trata, por óbvio, de criminalizar essas expressões, mas apenas de desvelar o sentido oculto que carregam para alertar as pessoas sobre aquilo que falam ou escrevem. Ressignificar tais expressões

5. Papa João Paulo II, discurso proferido em 13 de abril de 1986, na Sinagoga de Roma.

no curso do processo educacional pode contribuir para que se evite a propagação do vírus do racismo e do antissemitismo no repositório de crueldades humanas.

8. Embora haja judeus de todas as classes sociais, eles costumam prosperar nas sociedades que os acolhem, contribuindo nos campos da ciência, da cultura e dos negócios para o seu desenvolvimento. É uma mentira deslavada dizer que os judeus participam de um complô para dominar o mundo, seja por meio das finanças, da mídia ou, hoje em dia, da internet. Essa talvez seja a mais antiga campanha de desinformação da História. Os judeus são apenas 15 milhões num mundo de mais de 8 bilhões de seres humanos, cerca de 0,19% da população mundial. Esse tipo de teoria conspiratória sempre existiu e consiste numa modalidade de *bode expiatório* — uma falha cognitiva da humanidade para culpar alguém, de forma simplista e insustentável, por problemas complexos que têm outras causas e muitos responsáveis.

9. Israel é o lar nacional dos judeus. Ele ocupa apenas ¼ (um quarto) de 1% de todo o território do Oriente Médio. É o único Estado judeu, entre cento e cinquenta e nove Estados de maioria cristã e cinquenta e seis Estados muçulmanos. Israel é a única democracia na região do Oriente Médio, com imprensa livre e representação das minorias muçulmana e drusa no Parlamento e na Suprema Corte. Mais ainda: é um lugar seguro para homossexuais, transgêneros, mulheres e outras minorias,

com mais direitos do que qualquer outro país da região. A existência do Estado de Israel foi resultado da luta do movimento sionista internacional pela autodeterminação do povo judeu, sendo o caso mais bem-sucedido de descolonização da História.

10. Como qualquer Estado nacional, Israel tem problemas de fronteiras, de segurança nacional e com refugiados de nações vizinhas. O convívio com grupos terroristas fortemente armados, financiados por países com recursos financeiros e acesso a um arsenal bélico poderoso, é um grande desafio. Há Estados e grupos que têm como objetivo, simplesmente, o aniquilamento do Estado de Israel. As guerras e os ataques terroristas — como o do dia 7 de outubro de 2023 — colocam o governo e a sociedade israelense em encruzilhadas geopolíticas e éticas, sob forte pressão da opinião pública internacional. É natural que haja críticas contra reações desproporcionais das Forças de Defesa de Israel, sobretudo quando estão em questão populações civis indefesas. A defesa dos direitos humanos é um imperativo universal ao qual Israel está subordinado. A maioria expressiva da população israelense e da comunidade judaica espalhada pelo mundo é favorável à paz e à independência do Estado palestino.

11. Há, porém, três pontos nas críticas a Israel que não são admissíveis, devendo ser vistos com reserva. O primeiro é o duplo *standard* de julgamento: dois pesos e duas

medidas. Israel comete erros e pode ser criticado. Mas tratar Israel como grande vilão dos direitos humanos no mundo é algo odioso e discriminatório — uma versão do problema do *bode expiatório* personificado num Estado nacional. O segundo é a atribuição da culpa coletiva: nem o povo israelense (que muitas vezes se rebela e protesta nas ruas contra o seu governo), nem a comunidade judaica mundial podem sofrer acusações de culpa por conflitos armados nos quais as decisões competem ao governo de Israel. Nesse caso, o *bode expiatório* é mais velho e conhecido: os judeus como povo. O terceiro ponto refere-se à negativa do direito de existência do Estado de Israel. A autodeterminação do povo judeu é um direito legítimo, reconhecido a todos os povos do mundo, e não pode ser negado, no altar das disputas políticas de ocasião. Tal como os palestinos, os judeus têm o direito, individual e coletivo, de existirem como judeus — o que pressupõe a existência de seu Estado nacional.

12. É muito importante haver o ensino oficial do Holocausto nos cursos de História. Não há como formar cidadãos anti-antissemitas sem o conhecimento e a compreensão dos fatos que levaram ao genocídio de 6 milhões de judeus, 200 mil ciganos, 70 mil homens, mulheres e crianças com alguma deficiência física ou mental, além de homossexuais, comunistas, entre tantos outros. Literalmente, "comemorar" significa *lembrar em conjunto*: criar uma memória coletiva para

que esses tristes eventos do passado não venham a se repetir no futuro.

13. No Brasil, a Constituição de 1988 prevê, no seu art. 5º, inciso XLII, que a prática do racismo constitui crime inafiançável e imprescritível, sujeito a pena de reclusão. Consoante entendimento do Supremo Tribunal Federal, o antissemitismo é equiparado ao racismo, para fins de aplicação da legislação penal.

14. O art. 20 da Lei nº 7.716/1989 prevê, no seu art. 20, que o crime de racismo consiste em praticar, induzir ou incitar a discriminação ou preconceito de raça, cor, etnia, religião ou procedência nacional, sendo punido com pena de reclusão de um a três anos. Já o §1º desse artigo estabelece que incorre no mesmo crime quem fabrica, comercializa, distribui ou veicula símbolos, emblemas, ornamentos, distintivos ou propaganda que utilizam a cruz suástica ou gamada para fins de divulgação do nazismo, sendo a sanção elevada para de dois a cinco anos de reclusão e multa.

15. A Lei nº 14.532/2023 incluiu a injúria racial no art. 2º-A da Lei do Racismo, definindo-a como o ato de "injuriar alguém, ofendendo-lhe a dignidade ou decoro, em razão de raça, cor, etnia ou procedência nacional". O crime de injúria racial foi equiparado pelo legislador ao crime de racismo, depois que o Supremo Tribunal Federal entendeu que a injúria racial reúne todos os

elementos necessários à sua caracterização como uma das espécies de racismo.[6] O antissemitismo, portanto, também pode configurar essa espécie de delito penal, quando for ele a razão da manifestação injuriosa ofensiva da dignidade ou decoro da pessoa.

6. STF, Habeas Corpus nº 154.248, 28.10.2021, rel. min. Edson Fachin.

3. Encerramento: o otimismo é tolo; o pessimismo é estéril; a esperança nos move

Ser otimista é crer que as coisas darão certo. Ser pessimista, ao contrário, é apostar que sempre darão errado. E ter esperança, o que é? Para Jonathan Sacks, o Judaísmo pode ser definido como a religião da esperança. Pois não se trata, propriamente, de uma crença mística, mas de uma atitude. O Judaísmo não envolve certezas, mas aceita a dúvida. Não promete resultado, apenas sugere engajamento. Ter esperança é agir como se tudo dependesse de nós, mesmo sabendo que não depende. É cultivar no espírito uma mobilização de que podemos fazer, senão toda, alguma diferença no mundo. É confiar contra toda esperança.

Interpreto assim a famosa frase do nosso genial Ariano Suassuna, ao se declarar um realista esperançoso. Entre ser um otimista tolo e um pessimista chato, ele dizia preferir ver as coisas como elas são, enxergar o mundo como ele é e, ainda assim, acreditar que é possível mudá-lo para melhor. É dessa forma que penso a questão do antissemitismo. Ao longo de toda a História, essa hostilidade ancestral contra os judeus legou ao vocabulário da humanidade palavras nada alvissareiras: inquisição, conversão forçada, auto de fé, *pogrom*, gueto e Holocausto. Seu reaparecimento contemporâneo acontece sob o pretexto dos conflitos no Oriente Médio, mas repete o enredo de sempre: nacionalismos populistas (de direita e de esquerda), temor e rejeição a imigrantes, desapreço pelas minorias. Culpar alguém pelo estado de coisas é algo estruturalmente humano, conhecido e simplista. O vírus do antissemitismo se torna uma epidemia quando a política da esperança dá lugar à política do medo, que logo se transforma na política do ódio.

Embora exista um antissemitismo estrutural, não creio em determinismo histórico. A liberdade consiste, fundamentalmente, na nossa capacidade de responder de forma diferente aos condicionamentos sociais e aos estímulos da natureza. A educação anti-antissemita e a cultura do respeito à diversidade almejam formar pessoas capazes de entender o problema em sua complexidade estrutural, sem se render a ele.

Hegel disse, com certo pessimismo, que o que a experiência e a História nos ensinam é que povos e governos nunca aprenderam nada com elas. Já o filósofo George Santayana é o autor da mais citada frase para justificar a importância da História: "Aqueles que não podem conhecer o passado estão condenados a repeti-lo."[1] Ou seja, estaremos condenados a uma espécie de determinismo histórico cíclico se não formos capazes, individual e coletivamente, de um efetivo aprendizado sobre o passado que faça alguma diferença para o futuro. Nisso consiste o realismo esperançoso: não se trata de acreditar, mas da necessidade existencial de engajar-se e fazer algo a propósito da mudança.

Além disso, o conceito de antissemitismo estrutural não embute qualquer espécie de culpa coletiva. A responsabilidade é sempre individual. Nenhum povo é coletivamente culpado. Isso é verdade em relação ao povo alemão no que diz respeito ao Holocausto. Isso é verdade em relação aos povos infectados hoje com o vírus do antissemitismo. Cada pessoa é responsável apenas por suas ações e omissões. A cada um de nós cabe a decisão de adotar a cartilha aqui proposta ou de se manter indiferente. Aos tomadores de decisão, no âmbito dos governos, das empresas e das organizações em geral, compete adotar políticas públicas e normas de conformidade que fomentem a cultura anti-antissemita. Embora a responsabilidade pelas condutas seja sempre individual, a criação de um *ethos* de respeito e empatia para com as diferenças é responsabilidade de todos.

O verbo *respeitar* tem origem no latim *respicere* (olhar de novo). O que este livro propõe é um novo olhar sobre o fenômeno do antissemitismo, um olhar mais profundo e

1. George Santayana, *The Life of Reason*, p. 135.

informado que o compreenda como um problema não apenas dos judeus, mas de toda a humanidade. Um olhar de respeito do qual todos os povos do mundo são merecedores.

***

Em 1982, eu tinha dez anos. Era vidrado em futebol, como qualquer menino brasileiro. A Copa da Espanha estava sendo mágica. Assistíamos aos jogos em família, reunidos diante de uma TV Sanyo colorida que meu pai trouxera da Zona Franca de Manaus, depois de dois anos de serviço em Tabatinga, no Amazonas. Meu avô Gersz, um judeu polonês de nascimento, torcia pela Seleção mais que todos nós. O time do Brasil era um escrete de ouro e tudo fazia crer que seríamos tetracampeões do mundo. Tudo até aquele fatídico jogo contra a Itália. O empate classificava o Brasil, mas as coisas não correriam como esperado.

A Squadra Azzurra marcou primeiro. Chegamos à igualdade, num golaço de Sócrates, mas Paolo Rossi colocou a Itália de novo em vantagem, fazendo o seu segundo gol no jogo. A essa altura, algo revoltante aconteceu. Um pênalti claro de Gentile em Zico não foi marcado. A câmera mostrou com clareza solar a camisa amarela do Galinho rasgada de cima a baixo pelo puxão escandaloso do zagueiro italiano. O árbitro era o israelense Abraham Klein, a quem o locutor Luciano do Valle fizera elogios no início da partida. Subitamente, um de nós, na sala, grita com ódio atávico, milenar: "Judeu ladrão!"

Xingar o juiz era um instinto natural, parte da nossa cultura futebolística. Mas qualificar o suposto roubo pela ascendência do árbitro era insólito, inusitado, chocante. Um silêncio ensurdecedor calou-nos por alguns minutos. O resto, dali em diante, foi história. Falcão, o rei de Roma, empatou o jogo com um gol de craque, mas Paolo Rossi fez o seu *hat trick avant la lettre* (essa expressão ainda não era usada no futebol para quem fazia três gols numa partida). A Itália passaria às semifinais da Copa, levantando depois o título.

O passado não é o que passou. O passado é o que ficou do que passou. De tudo, uma memória ficou em mim: meu avô, ao ouvir o xingamento ao juiz, levantou-se discretamente e se retirou por alguns minutos. Depois, voltou para ver o jogo, como se nada tivesse acontecido. Até onde sei, o episódio nunca foi comentado em nossa casa. O silêncio foi a saída diante de um evidente caso de antissemitismo estrutural no seio de uma família de raízes judaicas pelo lado paterno. O Judaísmo, na verdade, nunca fora um assunto entre nós. Como contei aqui, meus avós paternos haviam instruído os filhos a esconderem sua origem desde cedo, dizendo na escola que eram cristãos ortodoxos: não seriam perseguidos por serem judeus, mas também não seriam cobrados como católicos. Aos poucos passei a entender a razão: eles haviam fugido da Europa por medo, mas o medo permanecia dentro deles

Por alguma razão, meu avô contava-me histórias de seu passado nunca compartilhadas sequer com os filhos. Foram muitos os fatos, dolorosos e pitorescos, que marcaram a minha infância profundamente. Já não saberia dizer se a forma como ele contava era especial ou se a minha escuta é que era atenta. Anos mais tarde, numa conversa com o rabino

Nilton Bonder, deparei-me com uma assertiva desconcertante: "Para mim, só é judeu quem tem um neto judeu." Entendi então: meu avô procurara o neto caçula para passar o bastão, para me dar o seu testemunho. Eu era a última oportunidade que ele teria de transmitir o seu legado, contar a sua história — de ser judeu, enfim. Havia perdido completamente a fé depois do Holocausto, mas não a identidade. Numa de suas confissões mais tocantes, contou-me que visitava em sigilo a pequena sinagoga da Rua Lucídio Lago, no subúrbio carioca do Méier, apenas para ouvir as canções do *Shabat* e matar as saudades dos pais. Deus podia até não existir, mas a experiência comunitária era real.

Já perto do fim de sua vida, numa de nossas longas conversas, perguntei se ele ainda se lembrava do episódio da Copa de 1982. Para um homem já idoso e fechado, a resposta surgiu com incrível clareza: "Ô se me lembro!" Tomei coragem e então perguntei sobre o que ele sentira naquele momento em que um de nós xingara o juiz de "judeu ladrão". Ele me disse que pensou algo em que já vinha pensando antes, desde que passou a ter netos. Que não queria morrer sem contar a sua história para um de nós. Ao me permitir sorver a sua experiência e sabedoria, meu avô acabou me inserindo na corrente da nossa tradição. Com ela, eu passaria a contemplar o mundo apoiado sobre os ombros dos nossos antepassados. Com nossos erros e defeitos, vieses e limitações, aquela história tornou-se também minha. E nós vamos continuar a contá-la, sem medo ou vergonha, até o fim.

Bibliografia

ADICHIE, Chimamanda Ngozi. *Americanah*. São Paulo: Cia. das Letras, 2014.

ALMEIDA, Silvio. *Racismo estrutural*. São Paulo: Jandaíra, 2018.

ANDRADE, André Gustavo Corrêa de. *Liberdade de expressão em tempos de cólera*. Rio de Janeiro: GZ, 2020.

ARENDT, Hannah. *La tradition cachée: le Juif comme paria*. Paris: Christian Bourgois Éditeur, 1993.

_________. *Origens do totalitarismo: antissemitismo, imperialismo, totalitarismo* (trad.: Roberto Raposo). São Paulo: Cia. das Letras, 1989.

BARAK, Aharon. *The Judge in a Democracy*. New Jersey: Princeton University Press, 2008.

BARBOSA, Rui. "O processo do Capitão Dreyfus", in: SENNA, Homero. *Uma voz contra a injustiça, Rui Barbosa e o caso Dreyfus*. Rio de Janeiro: Fundação Casa de Rui Barbosa, 2004.

BARROSO, Gustavo. *História secreta do Brasil*. São Paulo: Revisão Editora, 1990.

BARROSO, Luna Van Brussel. *Liberdade de expressão e democracia na era digital: o impacto das mídias sociais no mundo contemporâneo*. Belo Horizonte: Fórum, 2022.

BATISTA PEREIRA, Antonio. *O Brasil e o antissemitismo*. Rio de Janeiro: Imprensa Nacional, 1945.

BERLIN, Isaiah. *Liberty*. Oxford: Oxford University Press, 2002.

BIMBI, Bruno. "*É antissemitismo sim, Gleisi*", jornal *O Globo*, 27 jan. 2024.

BINENBOJM, Gustavo. "Fake news como externalidades negativas", portal Jota, 23 jun. 2020. Disponível em: <https://bit.ly/3CA42Go>. Acesso em: 30 ago. 2025.

_________. *Uma teoria do Direito Administrativo: direitos fundamentais, democracia e constitucionalização*. Rio de Janeiro: Renovar, 3ª ed., revista e atualizada, 2014.

_________. "Meios de comunicação de massa, pluralismo e democracia deliberativa: as liberdades de expressão e de imprensa nos Estados Unidos e no Brasil", *Revista da Emerj*, vol. 6, nº 23, 2003.

_________. "O racismo e a leitura da Constituição", *Jornal do Brasil*, 19 abr. 2003, p. A12. Disponível em: <https://memoria.bn.gov.br/DocReader/DocReader.aspx?bib=030015_12&hf=memoria.bn.gov.br&pagfis=87402>. Acesso em: 4 set. 2025.

BLOOM, Harold. *Shakespeare: a invenção do humano*. Rio de Janeiro: Objetiva, 2000.

BOBBIO, Norberto. "Quinze anos depois", *Revista USP*, nº 61, mar.-mai. 2004.

_________; MATTEUCCI, Nicola; e PASQUINO, Gianfranco (orgs.). *Dicionário de política*. Verbete: "Antissemitismo", por Sandro Ortona. Brasília: Editora UnB, 2024.

CALAZANS, Paulo Murillo. "A liberdade de expressão como expressão da liberdade", in: VIEIRA, José Ribas (org.). *Temas de constitucionalismo e democracia*. Rio de Janeiro: Renovar, 2003.

DAVIS, Gregory. "Antisemitism in the Digital Age: Online Antisemitic Hate, Holocaust Denial, Conspiracy Ideologies and Terrorism in Europe", revista *Hope Not Hate*, [s.l.], 2021. Disponível em: <https://bit.ly/3TTNhl3>. Acesso em: 30 ago. 2025.

DORIA, Pedro. "A fome em Gaza", jornal *O Globo*, 29 jul. 2025. Disponível em: <https://oglobo.globo.com/acervo/resultado/>. Acesso em: 30 ago. 2025.

DWORKIN, Ronald. *A virtude soberana: a teoria e a prática da igualdade*. São Paulo: Martins Fontes, 2005.

FARAH, Paulo Daniel. "Oriente Médio: um conflito entre irmãos", jornal *Folha de S.Paulo*, versão on-line, 27 ago. 2002. Disponível em: <https://www1.folha.uol.com.br/folha/sinapse/ult1063u57.shtml>. Acesso em: 31 ago. 2025.

FARIAS, Edilsom Pereira de. *Liberdade de expressão e comunicação: teoria e proteção constitucional*. São Paulo: Editora Revista dos Tribunais, 2004.

FISS, Owen. *A ironia da liberdade de expressão: Estado, regulação e diversidade na esfera pública* (trad.: Gustavo Binenbojm e Caio Mário da Silva Pereira Neto). Rio de Janeiro: Renovar, 2005.

GALTON, Francis. *Inquiries into Human Faculty and its Development*. London: Public Domain, 1883.

GARRARD, Eve. "The Pleasures of Antisemitism", revista *Fathom*, Summer 2013. Disponível em: <https://fathomjournal.org/the-pleasures-of-antisemitism/>. Acesso em: 30 ago. 2025.

GHIVELDER, Zevi. "Shakespeare e os judeus", revista *Morashá*, ano XXIX, nº 115, jun. 2022.

GOBINEAU, Joseph-Arthur. *Ensaio sobre a desigualdade das raças humanas*. São Paulo: Clube dos Autores, 2022.

GONÇALVES, Ana Maria. *Um defeito de cor*. Rio de Janeiro: Record, 2006.

GOULD, Jon B. *Speak No Evil: The Triumph of Hate Speech Regulation*. Chicago: The University of Chicago Press, 2005.

GUTERRES, António. "As chamas do discurso do ódio", portal da ONU, 1º jul. 2019. Disponível em: <https://bit.ly/47Cv66D>. Acesso em: 31 ago. 2025.

HART, Herbert L. *The Concept of Law*. Oxford: Clarendon Press, 1961.

HESSE, Konrad. *Elementos de Direito Constitucional da República Federal da Alemanha* (trad.: Luís Afonso Heck). Porto Alegre: Sergio Antonio Fabris Editor, 1998.

ISRAEL, Jonathan. *European Jewry in the Age of Mercantilism — 1550-1750*. London: The Litman Library of Jewish Civilization, 1998.

JOHNSON, Paul. *História dos judeus*. Rio de Janeiro: Imago, 1995.

JOSEFO, Flávio. *História dos hebreus*. São Paulo: Penkal, 2022.

KOATZ, Rafael Lorenzo-Fernandez. *Discursos ofensivos e de incitação ao ódio: limites à liberdade de expressão?*. Dissertação de mestrado em Direito Público. Rio de Janeiro: Universidade do Estado do Rio de Janeiro (Uerj), 2007.

LAFER, Celso. "O processo do Capitão Dreyfus de Rui Barbosa: o texto, seus contextos e desdobramentos", in: *Direitos humanos: um percurso no direito no* século XXI, vol. I. São Paulo: Atlas, 2015.

LINDEMANN, Albert S.; e LEVY, Richard S. (orgs.). *Antisemitism: A History*. Oxford: Oxford University Press, 2010.

LIRA NETO. *Arrancados da terra*. São Paulo: Cia. das Letras, 2021.

LUTERO, Martinho. "On the Jews and Their Lies", in: *Luther's Works*. Philadelphia: Fortress Press, 1971.

MARX, Karl. *A questão judaica*. São Paulo: Montecristo Editora, 2023.

MENDES-FLOHR, Paul; e REINHARZ, Jehuda (orgs.). *Jew in the Modern World*. Oxford University Press, 3ª ed., 2010.

MICHELMAN, Frank. "Relações entre democracia e liberdade de expressão: discussão de alguns argumentos", in: SARLET, Ingo Wolfgang (org.). *Direitos fundamentais, informática e comunicação*. Porto Alegre: Livraria do Advogado, 2007.

MOREIRA, Adilson. *Racismo recreativo*. São Paulo: Pólen Livros, 2019.

NOVINSKY, Anita; RIBEIRO, Eneida; LEVY, Daniela; e GORENSTEIN, Lina. *Os judeus que construíram o Brasil: fontes inéditas para uma nova visão da História*. Rio de Janeiro: Planeta, 2015.

PEREIRA, Jane Reis Gonçalves. *Interpretação constitucional e direitos fundamentais*. São Paulo: Saraiva Educação, 2ª ed., 2018.

POPPER, Karl R. *A sociedade aberta e seus inimigos*, vol. I. São Paulo: Edições 70, 2012.

RIBEIRO, Djamila. *Lugar de fala*. São Paulo: Jandaíra, 2019.

RIBEMBOIM, Jacques. *História dos judeus de Pernambuco*. Recife: Cepe Editora, 2024.

SACKS, Jonathan. "Discurso proferido na Casa dos Lordes". Reino Unido, YouTube, 2018. Disponível em: <https://www.youtube.com/watch?v=kq2G9i11JiY>. Acesso em: 31 ago. 2025.

________. "The Mutating Virus: Understanding Antisemitism", discurso proferido perante o Parlamento Europeu para abrir a conferência "O futuro das comunidades judaicas na Europa". Bruxelas, 27 set. 2016. Disponível em: <https://rabbisacks.org/videos/mutating-virus-understanding-antisemitism/>. Acesso em: 5 set. 2025.

________. *The Dignity of Difference*. London: Bloomsbury Continuum, 2003.

________. "Jewry's Journey to a Second Shavuot", *Jewish Chronicle*, 1997.

SANTAYANA, George. *The Life of Reason*. London: Open Road Media, 2017.

SARLET, Ingo Wolfgang. "Liberdade de expressão e o problema da regulação do discurso do ódio nas mídias sociais", *REI — Revista Estudos Institucionais*, [s.l.], vol. 5, nº 3, set.-dez. 2019, pp. 1207-1233. Disponível em: <https://bit.ly/3S01xGw>. Acesso em: 12 jan. 2024.

SARMENTO, Daniel. "A liberdade de expressão e o problema do 'Hate Speech'", in: *Livres e iguais: estudos de Direito Constitucional*. Rio de Janeiro: Lúmen Juris, 2006.

SCHAMA, Simon. *A história dos judeus: pertencimento — 1492-1900*, vol. 2. São Paulo: Cia. das Letras, 2024.

SCHAUER, Frederick. *Thinking Like a Lawyer: A New Introduction to Legal Reasoning*. Cambridge: Harvard University Press, 2009.

SCHREIBER, Simone. "Liberdade de expressão: justificativa teórica e a doutrina da posição preferencial no ordenamento jurídico", in: BARROSO, Luís Roberto (org.). *A reconstrução democrática do Direito Público no Brasil*. Rio de Janeiro: Renovar, 2007.

SCLIAR, Moacyr. "O mercador de Veneza", jornal *Zero Hora*, Segundo Caderno, 1º dez. 2005. Disponível em: <https://www.moacyrscliar.com/textos/o-mercador-de-veneza/>. Acesso em: 3 set. 2025.

SEVENSTER, Jan Nicolaas. *The Roots of Pagon Anti-Semitism in the Ancient World*. Leiden: Brill, 1975.

SHAKESPEARE, William. *O mercador de Veneza* (trad.: Bárbara Heliodora). Rio de Janeiro: Nova Fronteira, 2023.

SHAPIRO, James. *Shakespeare and the Jews*. New York: Columbia University Press, 2016.

SKOLNIK, Fred; e BERENBAUM, Michael (orgs.). *Encyclopaedia judaica*. New York/London/Jerusalém: Macmillan Reference USA/Keter Publishing House, 2ª ed., 2006.

SUNSTEIN, Cass R. *Democracy and the Problem of Free Speech*. New York: Free Press, 1995.

VIEIRA, José Ribas (org.). *Temas de constitucionalismo e democracia*. Rio de Janeiro: Renovar, 2003.

VIEIRA, Oscar Vilhena. *Direitos fundamentais: uma leitura da jurisprudência do STF*. São Paulo: Malheiros, 2006.

1ª edição	DEZEMBRO DE 2025
reimpressão	DEZEMBRO DE 2025
impressão	BARTIRA
papel de miolo	IVORY BULK 65 G/M²
papel de capa	CARTÃO SUPREMO ALTA ALVURA 250 G/M²
tipografia	DANTE MT STD